生活因阅读而精彩

 生活因阅读而精彩

| 中国文脉系列 |

花谢花飞花满天
曹雪芹传

宣逸玲 著

中国华侨出版社

图书在版编目(CIP)数据

花谢花飞花满天:曹雪芹传/宣逸玲著.—北京:中国华侨出版社,2014.5

(中国文脉系列)

ISBN 978-7-5113-4597-4

Ⅰ.①花… Ⅱ.①宣… Ⅲ.①曹雪芹-传记 Ⅳ.①K825.6

中国版本图书馆 CIP 数据核字(2014)第094775 号

花谢花飞花满天:曹雪芹传

著　　者／宣逸玲
责任编辑／文　蕾
责任校对／王京燕
经　　销／新华书店
开　　本／787 毫米×1092 毫米　1/16　印张/16　字数/243 千字
印　　刷／北京军迪印刷有限责任公司
版　　次／2014 年 7 月第 1 版　2020 年 5 月第 2 次印刷
书　　号／ISBN 978-7-5113-4597-4
定　　价／48.00 元

中国华侨出版社　北京市朝阳区静安里 26 号通成达大厦 3 层　邮编:100028
法律顾问:陈鹰律师事务所
编辑部:(010)64443056　　64443979
发行部:(010)64443051　　传真:(010)64439708
网址:www.oveaschin.com
E-mail:oveaschin@sina.com

前言

　　他曾目睹，云端的一个皱眉，可以沉没了百年基业。满眼繁华，最终落成一地忧伤。在历史的洪流中，他坐在命运过山车的最后一排，体验着游戏般的残酷挑战。

　　经历过，便明白何为虚妄。纵使他出生于声名显赫的金陵曹家，祖上沐浴过"四次接驾"的无限风光，见识过极尽奢华的富贵排场，曲终人散后，不过是一缕空洞的记忆。

　　那时，执笔写作并非什么高贵的行当，可那仿佛是前生的渴望，流淌在他的血液里。有些话，不知何处诉说，唯有握着一只颤抖的笔，倾注所有的理想。所谓"满纸荒唐言，谁解其中味"，是一种自嘲，也是一种抒发。

　　在家族的兴衰史上，他是抛物线向下的一个点，他的人生在向下滑行，背景由明亮到暗淡，情绪由迷惘到伤怀。而如今，他的名字已经盖过所有的父辈祖辈，成为历史上的一处光点。这是文学的力量，也是名利的无为。

当然，这些身后的荣耀于他而言，并非安慰，也没有温暖。有生之年，心中的荒草肆意蔓延，刻画出无可奈何的命运线。

他建构一个世界，大观园里，各色人物穿着考究，行走在他的梦里。他赋予林妹妹以眼泪，宝姐姐以冷香丸，贾宝玉以通灵美玉，他将所有的情感与梦想倾注其中，最后亲手毁灭。难怪有人说，他在北京郊外卧佛寺旁"哭成此书"。

他是曹雪芹，他用一支笔，磨砺十年，在纸上"复活"了一个时代，一个家族。

今天，世界在发生翻天覆地的变化，可是人们惊奇地发现，曹氏的半部《红楼梦》，竟然涵盖了世间所有的爱恨。

除此之外，它可以横跨艺术、民俗、制度、建筑、金石等诸多领域，并且绝不浅薄。至于诗、词、曲、赋、歌谣、古文、书札、谜语、酒令、联额、对句，更是令人称赞。

在一个速食文化的环境下，容我悲观地这样想：我们不知道还会不会有如此的一个人，一部如此的著作，再度建立起这样一座文字王国。

目录
Contents

第一章 / 前尘往事：分离聚合皆前定
  第一节 包衣：钟鸣鼎食的源头 003
  第二节 传承：园修日月光辉里 010
  第三节 接驾：一场欢喜忽悲辛 017

第二章 / 才子幼年：风流文采胜蓬莱
  第一节 出生：枉入红尘若许年 027
  第二节 抓周：天上一轮才捧出 033
  第三节 教育：前身定是瑶台种 042

第三章 / 背景格局：不知风雨几时休
  第一节 翻覆：一别西风又一年 051
  第二节 亏空：眼前道路无经纬 057
  第三节 戏剧：冰弦拨尽曲中愁 064

第四章 / 风云变故：三春事业付东风

  第一节 失势：无端被诏出凡尘 073

  第二节 美人：春去秋来两茫茫 079

  第三节 没落：命也势也终奈何 086

第五章 / 牛刀初试：口齿噙香对月吟

  第一节 通才：韶华休笑本无根 095

  第二节 成丁：自古穷通皆有定 101

  第三节 提笔：聚叶泼成千点墨 107

第六章 / 成长经历：更哪堪梦里功名

  第一节 新政：沉酣一梦终须醒 117

  第二节 侍卫：谁信世间有此境 121

  第三节 风月：何处秋窗无雨声 126

第七章 / 追随本心：万缕千丝终不改

  第一节 宗学：心头无喜亦无悲 135

  第二节 奋笔：玉是精神难比洁 142

  第三节 调整：徒留名姓载空舟 148

第八章 / 人生际遇：漂泊亦如人命薄

第一节　批注：傲世也因同气味　　157
第二节　风筝：拍手凭他笑路旁　　164
第三节　迁居：桃源深处有药香　　169

第九章 / 自得其乐：秋光荏苒休辜负

第一节　相访：凭谁醉眼认朦胧　　177
第二节　技艺：人生莫受老来贫　　183
第三节　寻亲：桃枝桃叶总分离　　190

第十章 / 晚年暖色：多情伴我咏黄昏

第一节　续娶：淡极始知花更艳　　199
第二节　聚饮：珍重暗香休踏碎　　205
第三节　推翻：才自精明志自高　　211

第十一章 / 生死永恒：蒂有余香金淡泊

第一节　丧子：痴心父母古来多　　221
第二节　告别：生关死劫谁能躲　　227
第三节　奇书：解语何妨片语时　　233

后　序 / 公子多情　　241

第一章

前尘往事:分离聚合皆前定

第一节 包衣：钟鸣鼎食的源头

只有未经历磨难的人，才会设想出人生纷繁复杂的情节，纠缠于人生意义。而真正经历过人生起起落落的人，反而更加淡然从容，喜欢过现实又世俗的人生。因为，那些踏踏实实的东西，才真实有味，而踏踏实实的文学，才足够厚重。所以，我们在文学世界里，惊艳于一部世俗生活的图腾。那是一段刻骨铭心的爱情，那是一个封建悲哀的时代，那是个活色生香的世界，梦里梦外，繁华又虚无……这便是才子曹雪芹为我们在滚滚红尘中缔造的《红楼梦》。

《红楼梦》中，到处都有他人生的影子。书中的宝玉的命运悲欢，照映出了曹雪芹一生的兴衰际遇。书中的黛玉，也正是他一生解不开的情结，激发了他的创作灵感。作为传奇的缔造者，他本身就是一个传奇。他的人生故事，才是《红楼梦》背后的真身。

若要知这红楼一梦的始末，则还是要从曹家命运的源头话起。旧时代的风雨，开始为曹雪芹埋下了宿命的种子。一个传奇故事从清末的图腾中徐徐展开。

关于风雨飘扬的清末故事，大多数人会想到八旗子弟，他们那时大多过着纸醉金迷的日子。实际上，他们的祖辈们，个个都是骑在马背上，戎马天下的英雄好汉，个个都扛得起汉子的名号。

他们都是跟着清太祖努尔哈赤以血和命，铁铮铮地拼天下的人。当他们还不曾入关，还被称为游牧民族时，曾令中原之主们，头疼了好几个世纪。而他们，都属于一个叫作女真的部族。

到了明朝，女真分成了三部，分别是建州女真、海西女真以及野人女真。这种划分方法，是按照当时各部的发展程度，文明水平来划分的。建州女真，是三部中文明程度、经济水平以及综合实力最为强大的部落，而主要分布在黑龙江、库页岛一带的野人女真，相对来说比较落后。

而后来成为清太祖的努尔哈赤，便是出生于建州女真的奴隶主家庭。这位叱咤风云的枭雄，是当时建州左卫家中的长子。这位英雄，并不是一开始就一帆风顺，十岁时，生母亡逝。十九岁时，他就离开家族，另辟天地。在遥远的东北，他也曾冒着风雪上山采松子、挖人参。在这段时光里，他熟记了东北的山脉地形。他的命运，是在投军至李成梁手下后，才开始发生惊人的逆转。

谁都不曾想到，这个默默无闻的年轻人，会成为震惊天下的霸主。

在辽东守将李成梁的旗下，他第一次接触到战争，第一次发现，原来这些曾被自己以为残酷无比的东西，实际上已是一门学问。他对此产生了巨大的兴趣，最后发现，原来自己的天赋，并不在采摘松子和挖掘人参上——他天生就应该是一个将军，一个骑在战马上让热血汹涌的将军。

年轻的努尔哈赤，凭着自己的勇气和天赋，屡战屡胜，成功获取了李成梁的信任。如果事情就这样走下去，努尔哈赤会成为他梦想中的将军，然而，他的人生也至多如此。或许，连他自己都没有想到，未来，还有更大的挑战和巨大的成功，在等待着他品尝胜利的无上甜美。

或许，那是一场天意。又或许，也不过是努尔哈赤潜意识中想要的结果。明万历十一年（1583），图伦城主尼堪外兰挑唆明军杀死了努尔哈赤的祖父和父亲。尽管事后明朝为了平息安抚努尔哈赤的怒火，允许他继承祖父的官职，然而，年轻的将军无法容忍这样的奇耻大辱，他立誓要为祖父和父亲报仇，手刃仇人尼堪外兰。

很快，努尔哈赤掀起报仇的旗帜，带着百余名士兵，攻破了图伦城。从此，他踏上了他辉煌的戎马人生，开始了东征西讨的战争生涯。不得不说，这是一个天生的战争家，一方面，努尔哈赤继续敷衍奉承明朝，令他们放松了警惕，而昏了头的明朝皇帝，生生在自己的眼皮底下，放养出来了一只身怀异心的雄鹰；另一方面，他加紧势力扩张的步伐，经过三十多年的积累，他已经从一个采松子的少年，变成了女真的首领。

明万历四十四年（1616），努尔哈赤在赫图阿拉建立了他的国家——大金国。他将自己的年号定为"天命"，意在天命所归。

当时的努尔哈赤，仿佛当真是天命所归。他想要统一这片天下，成为天地的主人，这不是一件简单的事情。天时、地利、人和，缺一不可。

恰是时候，明朝已经到了岌岌可危的时刻，国内，李自成率领的农民起义军把大明江山搅得天翻地覆，而关外，努尔哈赤所建的大金国又虎视眈眈。更重要的是，这个国家，已经从它的核心内部开始腐烂，从里到外，都一击即破。多年来，明朝内阁空虚，国力式微，从皇帝开始不务正业，民众赋税甚重，到处都是一片怨声载道。这种形势，反映到兵力上，是士兵的长期不操练，素质落后，战斗力极其低下。

虽然从数量上看，明朝的军力是十分可观的，远远胜于女真。然而，从实力上而言，两者差距却十分大。实际上，这在明朝上下，都是心知肚明的。甚至有官员在听说自己将要被派往前线对付努尔哈赤的队伍时，竟然伏地哀嚎，跪求不休。

岂曰无衣？与子同袍。王于兴师，修我戈矛。与子同仇！
岂曰无衣？与子同泽。王于兴师，修我矛戟。与子偕作！
岂曰无衣？与子同裳。王于兴师，修我甲兵。与子偕行！

遥远的战歌响起，回应这个没落王朝的，只是遍野的哀鸿和天边冰冷的云。

1620年，明神宗朱翊钧驾崩。继位的明光宗朱常洛年寿不永，接着继位的便是极其出名的木匠皇帝朱由校。朱由校给自己的王朝定年号为"天启"，自然希望上苍眷顾垂怜，多几分爱惜眷顾。只可惜，大明王朝依旧无声地走向了它的末路穷途。

大祸弥天，硝烟的味道，仿佛就萦绕在每个百姓的心中。

明天启元年（1621），二月初三。辽东地区忽有日晕："两傍有耳，如月状，内红白，光焰闪烁。"当时的辽东经略急忙将此事上报。夜观天象，天象若有异，必定会有惊天动地之事发生。然而，接到急报的皇帝并未将此事放在心上。

二月十一日，关外的努尔哈赤率重兵攻打辽阳军机重地奉集堡，自奉集堡西南九十里处，便是辽东核心辽阳。这本来是一次大好机会，由于努尔哈赤的判断失误，以致金军不得不退回后方。然而，翱翔在苍穹的鹰，怎么会就此善罢甘休？一个月之后，努尔哈赤率领大军，卷土重来。

这一次，上天给予这位英雄最大的眷顾——他不仅攻下了奉集堡，几天之后，金军占领了沈阳。他们在沈阳休整了五天，努尔哈赤大手一挥，开始论功行赏。他深刻明白，行军打仗之时，人心向背的重要性。水可载舟，亦能覆舟。这样的话，他绝不是说说而已。

在战场上卖血搏命的战士个个兴高采烈，有时候，他们高兴的并非只是那些赏赐，更多的是一种被重视的感觉，能够得到王的青睐，那才是至高无上的荣誉。在众多的赏赐中，有金银珠宝这些身外之物，当然也有被军队俘获作为奴隶的汉人，这些人，被分别赏赐到各旗的王公子弟手上，被称为"包衣"。

而其中，有这样一户人家。男人叫曹世选，在沈阳当官，夫妻俩有个男孩儿，才七八岁的年纪，还是懵懂无知的孩子，他并不知道，自己的命运，已经在此刻，如魔术之手，轻轻拨转了一个方向。这一家三口，被分到了满洲正白旗下。

一个深受儒学影响的读书人，最难忍受的便是国破家亡，若是被俘，恨不能咬舌自尽，以身殉国。曹世选亦是仕途出身，在成为满洲的包衣之前，他也是一个受过良好教育、能力不错的读书人。在生和死之间，他选择了前者。

或许，他也是经过了一番艰难纠葛。鱼和熊掌不能兼得，自古忠义难两全。最后，他干干脆脆地选择了活下去。他并不知道，在很久很久之后，他的后人中，会有人成为那样耀眼的星辰，以致他的姓名被从浩如烟海的清史中挖掘出来，并以此留名。若不是如此，谁会记得，当年的数以万计的俘虏中，有个人叫作曹世选。

有人说，在成为包衣之后，曹世选当过阿济格王府里的长史，实际上就是管家，掌管人情往来，应酬出入。这并非没有可能，他的儿子曹振彦，也就是曹雪芹的曾祖父，后来做过镶白旗的长史。这一家，在诸多的包衣中，地位并不低。

三月二十一日，金兵攻破辽阳。

明朝上下，举国震惊。

金兵进入辽阳之后，将汉人赶至城北，满人则居城南。此时的努尔哈赤，已在心中决定，将都城从赫图阿拉迁至辽阳。他征询众臣的意见，经过一番探讨之后，金国终于决定迁都辽阳。

这是曹家的户籍所在地。离开故里前往沈阳为官时，曹世选还是一个自由的读书人，心怀家国，满腔情仇。而今回到故地，却不再是自由之身。他举目望了望灰白的天，目光却是坚定的——他也佩服殉国的经略使袁应泰，更敬佩被俘后不屈而死的巡抚张铨。可他只是个普通人，一个想活下去的普通人，他有爱重的妻子，有年幼的孩子。大丈夫应该顶天立地，大明朝已经要亡了，他不能不自私一天，自己当自己的天，为妻儿挡下风雨。

随着战争形势的发展，努尔哈赤益发觉得迁都沈阳才是最好的选择——一方面，沈阳地理位置极其优越；另一方面，沈阳物产丰饶，不会给金军带来粮草之忧。在努尔哈赤的极力说服下，群臣终于开始支持君主的想法。不久后，金国再度迁都，这次的都城，叫作盛京。那里，也就是当初的沈阳。

如一场轮回。辽阳分明是故里，却不再是当初的家乡。沈阳分明是沈阳，却要叫作盛京。一切的一切，都已是物是人非，仿佛昨日的花，还残留着淡远的芬芳，然而当初那缕动人的好颜色，已在瑟风里悄然褪去。昨日的曹世选，还是沈阳城中有头有脸的人，而今的曹世选，却只是个小小的包衣。命运是如此神奇，转眼间沧海桑田，恍如隔世。此时，他尚且不知道，当自己从将军变成了奴隶，自己的儿子，却会从奴隶变成将军。这是一场上天编排好的戏本，传奇、美丽，但从来都不乏真实。

第二节　传承：园修日月光辉里

史铁生最出名的散文集，名作《命若琴弦》。琴弦易断，却能够演奏出最美丽的华章。生命，恰是如是。它苍白、脆弱，世间有太多太多能够轻易扼断它的手，可它从不曾屈服、告饶。这方是生命存在的意义——明明知道彩云易散琉璃脆，却也要在最渺小的尘埃里，闪出最耀眼的光。

在走向耀眼这条路上，曹家先祖始终坚持不懈。想要成功，却不是每个人都能够拥有的造化，上天的眷顾，总是会使人事半功倍。而曹家，总是同至高无上的权力、荣誉，紧紧地缠绕在一起。

明天启元年（1621），曹世选成为了正白旗包衣。

未久，清军入关，此时，皇太极已逝，继承皇位、成为大清入主中原后第一位皇帝的，则是他的幼子福临，亦是后来的顺治。

初始，福临尚且年幼，把持朝政的便是摄政王多尔衮。实际上，那时，统领朝政的多尔衮，才是大清真正的无冕之王，甚至连福临都要叫他作"父王"，看似一人之下，实是万人之上。有着这样的"主子"，入关后，曹家自然是不可同日而语，虽然从名义上来说依旧是卑微的包衣，然而实际地位，却好似鲤鱼跃龙门。

后来，多尔衮战死，正白旗无人接手，此时福临已经成人，便将正白旗归为皇室旗下。皇室旗下原本还有镶黄、正黄两旗，于是由此形成上三旗。上三旗的地位，始终优于其他五旗，而作为皇帝亲信的曹家，自然成了炙手可热、人人争相交好的大热门。

在清代，"包衣"是一个十分特殊的存在，包衣是满语，意为家奴。清军入关后，各种杂事无人料理，遂设内务府。内务府一方面处理皇室的私事，譬如财政、饮食、器物、宫室修缮等；另一方面也掌管皇室主要税收来源，如盐务、官窑、织造等。但执政者们为了避免前朝太监作乱朝纲，因此，内务府只是一个专门为皇室服务的机构，并不参与政事。然而，话虽如此，内务府依旧是同皇室联系得最为紧密的地方，虽然地位看似不高，却可轻易"觐见天颜"，比起权臣来也毫不逊色。

在这种情况下，作为内务府掌管者的包衣，自然不容小觑。他们虽然身份卑微，却是最接近皇帝的人，虽不是贵族，却胜似贵族。而曹雪芹的曾曾祖父曹振彦，便曾任两浙都转运盐使司盐运使。盐务，正是内务府事项之一。司盐运使，说是个大肥差也不为过。

曹家的发迹，始于曹振彦的发迹。他是曹家的第二代，早在清军还未入关时，他就已经凭借自己卓越的见识和才能，被多尔衮看重，任为旗鼓牛录章京。曹家是第一批成为满人包衣的汉人，长久以来，他们生活在满人中间，生活习性和文化思维逐渐被同化，有人将他们称为"满洲化的汉人"。曹振彦为人忠诚，这一点，不管是哪位上位者，都甚是欣赏。能够在千万人中脱颖而出，甚得多尔衮赏识，曹振彦的前途，仿佛是指日可待了。

明崇祯十七年（1644），李自成农民军攻入北京，崇祯帝自缢而死，大明帝国从此宣告灭亡。李自成自立为帝，招抚各地，其中辽东总兵、平西伯吴三桂是主要招安对象。李自成自农民军起家，身经百战，却在最后功亏一篑，乃至穷途末路而死。

正在密切关注关内形势的多尔衮趁机率军入关，清军与吴军齐力打败了农民起义军，李自成最后兵败而死。

这是一场历史的改写。新的皇权，如同一颗冉冉升起的明星，在华夏大地上，焕发出刺眼的光。

那年的九月十九日，刚刚从战乱中恢复宁静的北京城，迎来了年幼的主人。随后，顺治在天坛举行祭天大典，天命所归，登基为帝，自为天之子。这意味着一个新时代的开始，小皇帝手握玉玺，目光灼灼，没有流露出一丝因为害怕而产生的怯弱。从此，他便是这片天地的主人！此时，匍匐在顺治脚下的，是他的臣民，他的百姓，他们低头膜拜，高声呼喊"万岁万岁万万岁"，发誓将以鲜血和生命捍卫他们的忠诚。

他们的忠诚，使他们成为了这个朝代第一批接受封赏的臣子。顺治将北京周围各县的土地，赏赐给这些臣民们。这其中，也有曹家的封赏。他们获得了大片沃土，在北京附近的宝坻，这是曹家正式发迹的开端，他们还将从这里走向更远、更璀璨的未来。

清顺治六年（1649），朝廷给满族中所有通晓汉文的人一个机会，挑选其中文理通顺的人为贡士，可以外派去地方上为官。曹振彦参加了这次考试，并且获得了贡士身份。凭借这个身份，他被任命为山西平阳府吉州知州，成了一方父母官。在任上，曹振彦也着实做了些实事，譬如修复了因战乱而毁的锦屏山城隍庙。

次年八月十三日，顺治帝大婚，立博尔济吉特氏为后，天下同喜。曹振彦因此被封为"奉直大夫"，他的妻子袁氏亦得以被封为"宜人"。戏文里时常有孝子或夫君对娘亲或妻子说："等我有了出息，便给你挣个诰命来！"对于那时的女子来说，那是至高无上的荣耀，足以为之骄傲一生。而古人从仕，为的多是封妻荫子。曹振彦的努力，也算是完成了这个目标。虽然宜人诰命等级并不高，但到底是皇家亲封的，好歹是底气十足的。

不久后，曹振彦被调任到阳和府任知府。几个月后，一纸调令传来，曹振彦又匆匆离开阳和，前往大同去当知府。大同是军事重镇，距离京城不远，历来是守卫北京的重要关口。由于多年战乱，这个曾经无比繁华的城池，被摧残得到处都是硝烟燎过的乌黑，到处都是断壁残垣，到处都是抱着幼儿哀嚎不止的孤寡妇人。

曹振彦上任后，最主要的任务，就是修复城池，尽最大可能使大同恢复往日的平静。这个任务是何其艰辛，大清刚建国不久，战乱初平，财政始终处于捉襟见肘的状态，政府无法调拨出银两重新修筑因战乱而毁坏的城市。

曹振彦努力再三，也只能维持大同的收支平衡。皇天不负苦心人，他的努力终究没有白费。顺治十三年（1656），修复工作终于告一段落。曹振彦也由此得到了朝廷的重视，这个踏实忠诚的人，终于被朝廷第一次正式地看在眼里。

就在修复工作完工的时候，曹振彦被任命为两浙督转运盐使司盐运使。盐，自古以来，都是皇室最为重视的税收之一，它同百姓日常生活息息相关，这不仅是一桩利润可观的生意，更是民生的命脉。元朝对私盐贩卖打击十分严厉，贩卖两百斤私盐就要处以死刑，然而由于利益巨大，私盐贩卖依旧屡禁不止。

盐政官历来是一个肥缺，而处于最为繁华地段的江南地区的盐政官，更是个大肥缺。而更为诱惑的是，司盐运使只要不出大差错，过不了几年，就可以升为正三品的按察使，负责人才管理，堪称手握重权。可曹振彦还是没有等到这一天，他的一生，在不知不觉中，已经快要走到了尽头。

清顺治十四年（1657），曹振彦因病逝世。他并不是甘心的，他还不老，想要完成的事业还没有完成，想要看到子孙们都有出息他还没有看到。然而，人又怎么能奈何过天意？细细想来，他也已算是人生赢家，从命如草芥的平凡包衣，最后成为风光一时的司盐运使，不能不说亦是一种圆满。实际上，曹振彦的圆满，更多的，是在他的儿子，曹雪芹的曾祖父，曹玺身上。

那是真正将曹家发展为富贵之家的一代，能够培养出这样的孩子，纵使身在九泉，曹振彦也应该为之瞑目了。

曹玺，原名尔玉，后改名玺。他是家中的长子，下面还有一个弟弟，名叫尔正。历史记载，曹玺自幼"承其家学，读书洞彻古今，负经济才，兼艺能，射必贯札"，也就是说，曹玺是一个能文能武，很有才干的人。

清顺治五年（1648），因为他出众的才干，被挑中以侍卫的身份，跟随多尔衮前往大同平叛，并立下了卓越的战功。因此，曹玺获得了皇帝的青睐，回到京城后，他从一个王府侍卫被擢升为御前二等侍卫。清顺治十一年（1654），深受顺治信任与喜爱的曹玺，又被任命为正二品的銮仪使。这是一个负责皇帝日常车驾和仪仗的官职，历来是皇帝的亲信才能担任的位置。从这里可以看出，早在此前，曹玺就已经得到了顺治的极度信任，所以在挑选銮仪使时，顺治才会将自己的出行安全，毫无保留地交由曹玺来安排。

能够得到顺治的欢心并不简单，这还得归功于曹振彦留下来的"家风"：文武传家，忠心事主，还有一个微妙却讨喜的身份——正白旗包衣的旗籍。出于这些因素，曹玺成为了上位者最愿意，也最能够信任的那类人：精通文理，武功不错，更重要的是，有一颗正直而忠诚的心，再加上"家奴"的身份，顺治帝对他很是放心，这使曹玺的仕途一直十分顺利，不免要令人眼红。

清顺治十五年（1658）九月初七。那是一个凉爽的秋日，京城的梧桐叶落了一地，端的是满地的清秋，天际有一抹微微的亮，渐次流光溢彩起来，天终于亮了起来，晨风送来幽幽的槐花香，忙碌了一夜的院落里，响起来第一声婴孩的啼哭。

那是曹家的院落，曹玺的妻子顾氏，为曹家诞下了第四代，那是个男孩。曹玺大喜过望，给这个儿子取名叫作曹寅。曹寅不过两三岁光景时，生母顾氏便故去。

顾氏出身书香门第，是学者顾景星的胞妹。然而，顾景星并不愿提及这个妹妹，只因为她曾为清军所俘，被分配至曹家为奴，学者之辈，大多觉得丢脸，不愿多说起她。然而，顾景星没有想到的是，他的文学才华，顾家一门中，不曾有人发扬光大，反倒是在曹家，出落了一个大文豪，命运之弄人，实在是不可捉摸。

顾氏过世后，曹玺再娶孙氏。孙氏是宫中的秀女，亦是皇三子玄烨的保姆。当年玄烨出天花时，她还是个二三十岁的姑娘。玄烨因天花出宫休养，父母均不在身边，只有孙氏在旁，细心看顾，小心照料。对于这位保姆，玄烨对她的感情是十分深厚的。康熙虽然是一位千古帝王，可作为帝王而言，他并非是很无情的那种。从他后来十分眷顾曹家，也可见一斑。

玄烨六岁时，已经是老姑娘的孙氏被顺治帝指婚给曹玺。这对彼此而言，都是一桩不错的婚事。对于孙氏来说，曹玺正值年富力强之年，又深受皇帝重用，自己虽然是继室，可名义上来说，也是不折不扣的正房。而对于曹玺来说，娶了未来皇帝的保姆，对于曹氏一门而言，都是有益无害的。当然，那时的曹玺，并不知道玄烨会成为未来的帝王。

清顺治十七年（1660），董鄂妃故世。顺治悲痛欲绝，追封其为皇后。然而，再多的荣耀，也无法让心爱的女子起死回生，心灰意冷之下，顺治帝看破红尘，出家为僧。他本欲打算将皇位留给次子福全，福全却没有出过天花。孝庄皇太后出于多方面的考虑，最终选择了出过天花的玄烨。

这又是曹家命运的一大转折，孙氏的到来，不仅给曹玺又生下了一个儿子，还给本来就仕途顺利的曹玺，带来了更大的助力。虽然孙氏不过是皇帝的保姆，说穿了，也只是皇帝的下人，然而，在当时的封建等级社会，当皇帝的奴才，那也是教人趋之若鹜的事情。

凭借着自己的努力，和这一层微妙的关系，清康熙二年（1663），曹玺被挑中担任江宁织造。这是一个需要长期驻扎在江南的官职，更是一桩美差。

落花人独立，微雨燕双飞。踏着微微的细雨，曹玺怀着踌躇满志，带着君王的信任，无限欢喜地来到繁华如织的江南。那年，烟雨如画，岁月如梦静好。他抬眼，看到的仿佛不是一条柳色如云的道路，那是一条康庄大道，是他们曹家的锦绣前程。

第三节 接驾:一场欢喜忽悲辛

"为官的,家业凋零,富贵的,金银散尽,有恩的,死里逃生,无情的,分明报应。欠命的,命已还,欠泪的,泪已尽。冤冤相报实非轻,分离聚合皆前定。欲知命短问前生,老来富贵也真侥幸。看破的,遁入空门,痴迷的,枉送了性命。好一似食尽鸟投林,落了片白茫茫大地真干净!"

每次读到这一段,心里总是涌起莫名的悲哀。十年血泪,一部《红楼梦》。它是那样深刻缱绻地栖息在每一颗孤独心灵的最深处,如同琥珀,被包裹成瑰丽。它写尽了悲欢,唱遍了繁华,谢幕,便是这苍茫茫的雪地,剃度远去的孽人飘然无踪,徒留天地无声。

这一段曲,是宝玉入了仙境,孽海情天里听遍风月的最后一曲,其中暗藏大观园中数人的最后命运,凋零的是湘云,散尽金银的是宝钗,死里逃生的是巧姐，报应的是妙玉，还命的是迎春，还泪的是黛玉。鲜花着锦，烈火烹油后，所有甜美都成为回忆，那些娇弱或柔韧的花，也终究萎落成伤。

《红楼梦》的后四十回，是高鹗续编，他在最大程度上遵循了曹雪芹的原意——这部华美的戏本，原本就注定是一场令人扼腕的悲剧。曲终人散，空响绝唱。

还泪的绛珠草离恨归天，渡情的顽石懵懂而去，纷繁世间。或许，只有那个端庄贤德的女子，孤守清灯，看着自己的芳华岁月，在空茫的世间逐渐老去。她会不会不断回忆起当年的时光，那么美那么好的时光。而那些时光，始终同大观园紧密相连，如同并蒂莲花。

那是一所美丽奢华得令所有人都惊叹不已的庄园，《红楼梦》的第十七回到十八回中，曾用这样的辞藻来形容它：那门栏槅，皆是细雕新鲜花样，并无朱粉涂饰；一色水墨群墙，下面白石台矶，凿成西番草花样……往前一望，见白石崚嶒，或如鬼怪，或如猛兽，纵横拱立，上面苔藓成斑，藤萝掩映，其中微露羊肠小道……只见佳木茏葱，奇花闪灼，一带清流，从花木深处曲折泻于石隙之下……

并不只是一味的奢华，从字里行间中，更觉得这是一座清雅无双处处可见精雕细琢的园子。有时候，清雅比奢侈更要花费本钱。这座美丽的庭院，应该是确确实实存在过的，大观园的建造，故事里，为的是省亲的元春，而实际上，曹家修筑华府，为的是接驾，招待康熙皇帝。这件事，深深地镌刻在曹雪芹的记忆里。多年后笔下，化作笔下斑斓，好似无端端造了一个纸上美梦。

清康熙十一年（1672），曹玺依旧外放江南织造，而他的长子曹寅则入宫为侍卫，世家子弟侍卫出身的不少，曹玺自己亦是从侍卫做起，一步步走稳仕途之路。初入深宫，曹寅被分到内务府负责饲养皇帝打猎时要用的鹰犬，同时，他勤加练武，强身健体，作为皇帝的侍卫，这是非常必要的。

这个时期，曹寅还和大学士明珠的长子纳兰性德成为了同僚和朋友。纳兰性德，清代最为著名的词人之一，他的另一个名字，纳兰容若，更为众人所熟悉。

清康熙十八年（1679），康熙帝于保和殿亲开博学鸿词，征召博学鸿儒。此时，清军入关已有多年，政治清明，帝王又励精图治，民间反抗的声音已经逐渐减少，虽然还有一些名儒学者心中遗憾，可也只能是遗憾而已。为了彻底消除这些知识分子心中的抗拒，康熙帝下诏征辟博学鸿儒。对于朝廷的这个举措，大多数知识分子是拍手叫好的，表示愿意参加这次考试，然而也有黄宗羲、王夫之等遗老名家，自有风骨，并不愿出仕，折了气节。对于这些人，康熙也并不怪罪。

在这次考试中，曹寅开始了自己的文学活动——作为一代文豪的祖父，曹寅的文学造诣并不低，甚至他爱书，怜惜读书人这一点，很大程度上影响了后来的曹雪芹。

曹寅不断地去拜访集聚京城的文人们，同他们一同钻研诗词歌赋，甚至相互赠诗。他的努力获得了一帮文人的认可，著名诗人施闰章甚至评价他的诗"温柔敦厚，一唱三叹，有风人之旨"。施闰章是当时非常有影响力的诗人，能够得到这样高度的评价，无形当中大大提升了曹寅的名气和地位。

其后，曹寅还同舅舅顾景星秘密相认。对这个外甥，顾景星比对待自己的妹妹似乎更加宽容一些，或许读书人之间，更能惺惺相惜。甥舅两人义气甚为相投，两人甚至吟诗作答，顾景星还亲自为曹寅的诗文集《荔轩草》作序。两人的关系虽然没有公开，但在文人圈子中，是秘而不宣的。这对于曹寅的声望而言，都是极有好处的。

在不断积累的声望中，曹寅的仕途益发一帆风顺，他先是从侍卫身份出任内务府慎刑司员外郎，后又转广储司郎中，最后被外放至苏州任苏州织造。而在母亲孙氏六十大寿后，康熙又下令曹寅同时兼任江宁、苏州两地的织造。

曹家的煊赫，风头一时无两。

而曹家在世人眼里，最值得荣耀的，便是接待康熙帝的出巡。

康熙是一个喜欢出巡的皇帝，不仅下过江南，也去过山西，山东等地。其中，康熙最钟爱的还是江南，这不仅因为江南自古以来就是富庶之地，物产丰美，亦是出于江南相对北京比较偏远，借巡游之际视察民心所向。康熙帝一共进行过六次巡游江南的活动，除却前两次未曾停驻江宁织造府之外，其他四次，都是由曹家接待的。

清康熙三十八年（1699），康熙帝开始了第三次巡游江南。

四月初十，华灯初上，整座城市陷入了空前的肃穆庄严中，仿佛因为天子的到来，一切都沐浴在神圣的光辉里。康熙御驾至织造署，并以此为行宫。声势之浩大，在《红楼梦》元妃省亲中也可见一斑：至十五日五鼓，自贾母等有爵者，皆按品服大妆。园内各处，帐舞蟠龙，帘飞彩凤，金银焕彩，珠宝争辉，鼎焚百合之香，瓶插长春之蕊，静巧无人咳嗽……忽见一对红衣太监骑马缓缓地走来，至西街门下了马，将马赶出围帐之外，便垂首面西站住。半日又是一对，亦是如此。少时便来了十来对，方闻隐隐细乐之声。一对对龙旌凤翣，雉羽夔头，又有销金提炉焚着御香；然后一把曲柄七凤黄金伞过来，便是冠袍带履……

一个妃子省亲便是如此浩大场面，更何况是皇帝亲临，圣驾巍峨，满地匍匐。其后，曹寅带着母亲孙氏前来觐见。孙氏原是皇帝身边的老人，在皇帝幼时出天花时悉心照顾，康熙对她甚是厚待，不仅以礼相待，更是赏赐颇丰，甚至亲口对下面臣子们说：此乃吾家老人也。他看着面前老去的妇人，幼时的温情记忆浮现眼前，不由亲自提笔为孙氏提匾，写下"萱瑞堂"几个大字，萱草，又叫忘忧草，又有长寿之意。康熙对孙氏的感情，以及对曹家爱屋及乌的感情，实在匪浅。

这是何等的荣耀！

能够被皇帝亲口说是皇家的人，不仅是孙氏感激涕零，纵使是在旁的大臣们，也端端不敢再小瞧曹家一门。虽然说起来，这一家还只是包衣的身份，可是有哪家的包衣能得如此圣眷。

何况后来，皇帝又亲自将曹家的两个女儿，指婚给满人的两个王子。清康熙四十五年（1706），亦是康熙结束第五次南巡后回到京城，由他做主，将曹寅的长女接到京城，嫁给宗室子纳尔苏。这位王子，是清初"八大铁帽子王"中的克勤郡王岳托的后人，身份是实打实的宗室王子。实际上，作为包衣的女儿，曹寅的女儿并不够格被许配给宗室王子，而且还是尊贵的嫡福晋，这在大清亦是头一回。

皇室对曹家的眷顾，并不止这一桩。清康熙四十八年（1709），康熙帝再度让梁九功传旨，将曹寅的次女许配给另一位王子。而且，康熙还亲自给曹寅的儿子安排了差事。这一切，都是令曹寅十分感激的。

然而，人们看到的只是曹氏的风光，实际上，曹寅背地里，也觉得焦头烂额。《红楼梦》中建造一所大观园，只供元妃省亲一回，便不知耗费了多少银两，流水样花花而去。曹家接驾四次，看似风光无限，圣眷正隆，可为了这风头，曹家背后所耗钱财更是一个巨数！

更令人忧愤无奈的是，曹家不仅仅要应付巨额的南巡花费，还要应付随行的各位皇子的明目张胆的索要钱财。在清康熙四十七年（1708）时，当时的太子胤礽就曾派人向曹家索要白银五万二千九百多两，作为亲戚的李煦家也没能逃过，同样被索要了三万二千八百多两白银。光是应付这些皇子们的勒索，便是一个天文数目。

作为江宁织造，曹寅每年的收入是一百零五两白银，加米六十斗。这只够一家子勉强养家糊口，吟诗作画等风月之事如何不烧钱，这些额外的款项，就只能从贿赂和公款上来。

曹寅自然也不能例外，不然只凭他的俸禄，如何能够接驾四次，如何能够吟风弄月。曹寅的难处，康熙是知道的，于是，清康熙四十三年（1704），曹寅调任两淮巡盐。

巡盐御史，《红楼梦》中林黛玉的父亲林如海，也做过这个官。这是一个统辖江南、江西、湖广、河南四个省三十六府商纲亭户的赋税收入；也管这些地方盐务的正常运转，包括打击私盐。显然，这又是一个肥差。

在清朝，巡盐御史一年里除了交纳给政府的税外，还有五十多万两银子的盈余，其中的二十一万分拨给江宁、苏州两地织造之后，还有三十多万两可供花销。这显然是康熙经过苦心思索后的安排，但是忠心事主的曹寅显然没能明白皇帝的这番苦心。

到了任上之后，曹寅细心考察，发现了许多弊病，于是亲自给皇帝上奏折，要求彻查，为朝廷减少支出。看到这种奏章，康熙不由哭笑不得，他将作为亲信的曹寅调为巡盐御史，显然是想让他为自己的南巡提供方便，没想到曹寅忠心耿耿，竟然误解了自己的意思。无奈之下，康熙只好将自己的意思，详细地给曹寅解释了一下。

得知皇帝的实意后，曹寅不再打算修整盐务，而是开始一心一意地为康熙的南巡做准备。这实际上，也为曹家的落败，埋下了隐患。"祸兮，福之所倚；福兮，祸之所伏"，为了应付南巡和皇子们的勒索，曹家和作为连襟的李家，不得不开始挪用盐政所余银两，甚至开始动用织造署的官款。这些事，皇帝是心知肚明的，旁人们亦是知晓得一清二楚的，只不过没人将这个公开的秘密放到台面上说出来罢了。

　　云下有影，风过有声，阳光经过的地方，也有投下一片暗色。隔着岸看着这座华美的织造署，仿佛能够听到昔年绝色歌姬空灵的歌声。笙歌长，扇面桃花如血，唯有时光匆匆，掠走所有的甜美和悲伤。我们的故事还长，这卷巨幅的画才刚刚展开了光鲜且凄凉的一角，还有许多爱恨，许多旖旎和忧伤，未曾流露出真实的容颜。

第二章

才子幼年：风流文采胜蓬莱

第一节 出生：枉入红尘若许年

　　人生是一场修行于红尘的漫长跋涉，它的宽度和深度，不受困于时光的纷扰，不禁锢于肉体的脆弱。它取决于梦想的浩瀚，栖息于心灵的深远，高歌于繁华的尽头。有人的生命，飘零如蜉蝣，却依旧浩然长歌，将名字刻上了烟尘滚滚的历史；有人的生命，漫长如百年，可一生忙碌纷纷，却不知留下了什么。

　　世界上的大多数人，都是那样忙忙碌碌地活着，并不知道生命究竟为了什么而实际存在着。为了活着而活着，其实本来就是复杂难解的哲理，知道生命的意义和人生的目标的人，未必比不知道的人更加快乐，茫然无知的人，自有茫然无知的喜悦。

　　或许，身在荒原，心在青丘，人生的磨难，会更加坎坷。世间痛苦有千万种，因时刻清醒而生出的痛，或者并不多，然而不幸的是，曹雪芹，就是这少数中的一个——这是他的悲哀，却是我们的幸运。我们无法忘记这传奇的缔造者，是经历了怎样的生命轨迹，造就了这样一个世间奇迹。这滚滚红尘，究竟是给他的生命中留下了怎样的特殊印记。于是，拂去历史的尘灰，沿着时光的河，逆流而上。在那个美丽而灿烂的春日，一个传奇便在尘世间拉开了序幕。

清雍正二年（1724），四月或是五月。草长莺飞的春已经逐渐远去，初夏的蝉鸣声声而来，湖中的莲花散发出第一缕淡淡的幽香，一切，都是琐碎而默然流淌过的静好。曹家，外头的烦忧还没有流入后宅，此时，整座华丽的大宅，正在为一个新生命的诞生而欢喜雀跃。

南京织造府的内院，一声清脆的啼哭，打破了寂静的时光，随之，整个大院都开始沸腾起来。因着这男婴的降生，曹家有了新的后代，血脉得以传承。他将承接起家族以往的荣光，开始新的故事。

曹雪芹的降生，带给曹家人无尽的喜悦，在这样的老式家庭中，新添男丁，是极大的幸运之事。同样也是中国，乃至世界的幸运。

曹雪芹是现任江宁织造曹頫的第二个孩子。曹頫是曹寅的次子，实际上，他是曹寅胞弟曹荃之子，因曹寅唯一的儿子曹颙早逝，康熙帝特意同意曹寅的妻子从族中过继一个儿子到膝下，继承家业。

关于曹雪芹的身世，学界有两种说法，一种说法是他是曹颙的遗腹子，由叔父曹頫抚养长大；另一种说法则是说他就是曹頫的孩子。但是，不论如何，曹雪芹的出生给曹家满门带来了莫大的喜悦，曹頫给儿子取名叫作"霑"，取自《诗经·小雅》中的"既霑既足"。曹雪芹出生时，久旱的江南刚好下了一场雨，久旱逢甘霖，又得了麟儿，曹頫自然十分欢喜，他心中当时燃起的，必定是这个孩子光宗耀祖的期许。

然而，这个孩子带来的好兆头，不过如此，此后，他只是被视为曹家的不肖子孙，纨绔子弟。但是没人知道，这个令人头疼的孩子，日后会成为名垂千古，响彻世界的人。会有许多许多人怜惜他的薄命，也会有许多许多人，爱上他笔下的生命。

可是当年，这个孩子心里，因为家人的异样目光，并不是不难过的。他幼小的心中，渐渐长成一个心结，那是一个难以愈合的伤，亦是他悲伤的源头。

后来，在《红楼梦》卷首的作者自云中，他说："则自欲将已往所赖天恩祖德，锦衣纨绔之时，饫甘餍肥之日，背父兄教育之恩，负师友规训之德。"几十个字中，显然凝聚了多年里，他许多遗憾、哀怨、悲哀，甚至还有几许恨意，可恨终究源于爱，他亦是那样深深地眷恋着这个散发着古老气息的家族，那才是他的根，如同新生的树木，幼时总有一棵大树，为它撑起一片纯净的蓝天。

曹雪芹的幼时，是在烟雨明媚的江南度过的。他住在金陵的老宅子里，这是一所古老而华美的庭园，经历了曹玺、曹寅、曹頫以及曹雪芹祖孙四代人。它坐落在南京城的江宁府东北方向，曹家在时，这里被叫作织造署院。曹家举家迁回北京城的十年后，这里被重新修葺，除去积年的尘埃和青苔，再度响起了欢声笑语，演起了莺歌燕舞，成为了乾隆帝下江南的行宫。

自曹玺于清康熙二年（1663）春来到这里，到曹家离开此处。这座大宅，掩埋了曹家八十多年的春秋，四代人的爱恨，一个家族的繁华。在曹雪芹幼时，对于他来说，这里不啻是他的天堂。

经过几代人的修整，这座曾荒凉凌乱的宅子，已经变成了一座精致完美的江南园林，老树婆娑，风影萧萧而过时，会留下一缕缕幽凉；山坳深处，栽种着荫荫的垂柳，枝叶茂密，迎着粼粼的波光，宛如一幅被精心修剪出来的画；还有各种馥郁清香的花木，有梨花也有玉兰，掩映着娇巧玲珑或巍峨大气的亭台楼阁，葱葱郁郁，每一次春来、夏至、叶红和雪落的时候，都有别样的景致和风情。

在这里，他享受了曹家最后的富贵和安宁——那是老皇帝遗留下的最后一点庇佑。几年后，继位的雍正朱笔一挥，所有的荣华登时消散如烟云。

在这里，曹雪芹读了许多书，听了许多故事，江南的月影如钩，幼小的孩童双眸澄净，像是两弯湖泊，因为明月柔软的清光而闪闪发亮。

他在开满荷花的湖畔，留下过自己手持书卷的身影，也在嶙峋的假山石上来来回回，熟谙每个山石间的秘密通道；他也曾走过江南闹市的街头，瞒着保姆偷偷买一碗豆腐花来尝，哪里的花灯最漂亮，哪里的小曲最好听，哪里的蛐蛐斗得最好，他哪个是不知道的？

在这里，他听得最多，最清楚的，最喜欢的，还是爷爷的故事。他有点遗憾，自己出生时，爷爷已经去世，他并没有见过这位据说极有文人风骨的爷爷。其实真的不是不遗憾的，或许曹寅再活得久一些，曹家的落败便不会那么快地来临。后来，雍正派人抄家，罪名是挪用巨额公款，这实际上很无辜，公款的挪用，用在曹家身上只不过是一部分，更多的是为了满足康熙的南巡和诸位皇子的私欲。

然而康熙驾崩，曹寅也已经去世，当年的事实，已经没人能够来证明，就算雍正深知这件事上曹家的冤枉，但他不是康熙，曹家之于他，并没有什么感情。

但更遗憾的是，曹寅并没有看到小孙子的成长，他不知道，自己有这样一位文采如仙的孙儿。他素来好文，如果能够看到曹雪芹并且亲自教导他，想必曹雪芹日后的路，并不至于这样难行。然而，反过来说，若是曹寅一路陪着孙子长大，或许曹雪芹无法写下华章巨作的《红楼梦》，无法成为那样令人伤感又崇拜的文豪——他至多成为又一位江宁织造，继续为填补之前的亏空焦头烂额，夜不能寐。

而无意中，曹寅还是给予了曹雪芹莫大的影响。他会从家中的长辈，多年的老奴，甚至旁人无意的一句话中，听说自己的爷爷原是一位极其喜欢读书，也喜欢买书的人，家中琳琅满目的藏书，多数是爷爷收藏的。爷爷喜欢读书，已经到了就连出门坐轿子，都要手中拿着本书才觉得不别扭的地步。

其实，曹寅不仅喜欢读书，自己本身也是一位富有文学才华的文人。他结交满天下，多数都是文人，还在扬州开了书局，收集了许多唐诗孤本，刊刻了一套《全唐诗》。后来曹寅转为喜欢宋词，亦收集了许多词集，然而，出于种种原因，没等《全宋词》编成，他就已经去世了，这或许亦是曹寅的一个深憾吧。

曹寅同样喜好戏剧，他不但看戏，也会自己写戏本，更是欣赏写戏写得好的人。据说，写《长生殿》的洪升，曾同曹寅有一面之缘，两人一见如故，曹寅甚至摆了三天的筵席，只为将《长生殿》场场看完，字字评尽。当年为了一出《长生殿》被罢免、流放的人可不算少，可曹寅出于一番惜才之心，竟然毫不畏惧，一点也不担心圣上会怪罪自己。

这些说起来琐碎，实则潇洒非常的往事，幼年的曹雪芹未必能懂，可再懵懂无知的孩童，听到这些潇洒快意的事，虽不明白其中的深意，可心中到底能生出几分向往和骄傲——原来自己的祖父，竟然是一个这样好的人啊！若是自己早出生十年，祖孙俩月下把酒言欢，畅论诗词，那又是何等的快活啊！

那时的曹雪芹，还不知道自己究竟出生在一个怎样的家庭。这个家，看上去虽然无限荣华，无限美好，无限教人艳羡，可说穿了，实际上同伺候自己，小心翼翼看主子们脸色的下人们，并没有太大的区别。只不过，他们伺候的是曹家，而曹家伺候的是皇家罢了。当然，他要在很久之后才能知道这个悲哀的事实，他们曹家，看来是四代传承的织造，实际上，只是世代传承的"奴才"而已。

命运,一如月光残酷。它缓缓来,有点亮,更多的是凉,深入骨髓的凉。出生在这个家庭,他的命运是早已注定的凉。可他从未屈服过,这个羸弱的文人,从繁华如锦的那端走入他跌宕的人生,从盛夏走入深秋,从富贵到潦倒,他依旧一身傲岸风骨,两袖清风明月,一如他的笔墨,凄凉,可遒劲,力透纸背,深入人心。

第二节 抓周:天上一轮才捧出

一直以为,生命的开始,是在呱呱落地,睁开双眼看到这个黑白世界的瞬间。却不曾细想,其实在古时,象征着生命的开始的时刻,是抓周。

抓周,这个词,带着浓厚的中国气息,宛如颜色厚重的釉彩,黏糊糊地化在千百年的传承里。在广袖长衫的年代,那正式象征着一个生命的完整开始。最初,那只是亲友对孩子的美好祝福,包含着长辈们对晚辈最真诚的希冀,后来,经过漫长时光的演习,逐渐形成了一套完整的风俗,被一代代的人们传承下来。

一个新生命,刚刚降临到世上三天,全家甚至是整个家族,就会举行隆重的"汤饼会",因为甫时婴儿刚刚出世三日,于是也叫"洗三",在洗三的过程中,会有专门的妇女为婴儿唱起祝歌,大家围聚在一起,一同庆祝新生命的来临。等到婴儿一百天时,家族又会为此举行盛大的筵席。

而当婴儿满周岁时,便要举行隆重的"抓周"仪式了,古时的抓周并不像现在的抓周，几乎只是抱着试试的心态，抓个高兴的而已。那时的抓周，整个家族都是极为重视的，尤其是男孩，若是孩子抓的东西不合理想，家族上下，都会觉得十分扫兴。

其实说起来也觉得可笑，一个无意中的"抓"，就能够决定一个人的一生么？不见得抓了算盘的孩子，日后一定会去算账，也不见得抓了朱笔的孩子，日后就定能够蟾宫折桂名列榜首。可并不是没有这样的事情：因为孩子抓周抓到的东西，长辈觉得违背了自己的意愿，从此便对这个孩子生了憎恶，分明是骨肉血亲，却因为这样的事情，疏离或冷漠。而抓周，这原本是怀着美好祝愿的仪式，最终发展成心思各异的计量，这是何其可悲！

关于抓周，曹家始终流传着一段佳话，曹家的宋代祖宗，开国元勋武惠王曹彬小时，举行隆重的抓周礼，时抓起一支长柄的兵器，跟着另一手便抓起一个金印！家人们兴奋地高呼，这孩子以后会武功超群，官居极品。而命运的巧合造就了极具戏剧性的传奇故事。那曹彬后来真的成为宋朝第一位大将军，官至枢密使，的确是最高军政长官了。这段佳话一代代地流传下来，成了曹氏家族一直标榜的骄傲。

曹雪芹在《红楼梦》中借贾雨村之口来吊人胃口地说起宝玉抓周之事："……那年周岁时，政老爹便试他将来的志向，便将那世上所有之物摆了无数，与他抓取。谁知他一概不取，伸手只把些脂粉钗环抓来。政老爹便大怒了，说：'将来酒色之徒耳'，从此便大不喜悦。"

虽然宝玉抓周的事，当不得真，也有作家为了艺术渲染，为了情节设置，有故弄玄虚的意味，然而，抓周的慎重，确实是十分郑重其事的。一群形形色色的大人，神色肃穆，端端正正目不斜视地盯着只会爬的孩童，抓到了心仪的东西，就无比欢喜；若是不幸抓到了不喜之物，轻则连叹几声，重则如贾政，连带着孩子，也生了厌恶之心。

这是宝玉的悲伤，亦是曹雪芹心底的伤。

有谁不愿意当一个孝子贤孙，浩浩荡荡地建功立业，光耀门楣，封妻荫子，出门八抬大轿，风光无限，白发苍苍的老族人提起来，都可以赞一句生子当如是！又有谁生来就愿意一身反骨，傲然破门而去，颜面无存地当家族的弃子，从此天地之大，如无根野草，随风飘去，随雨打散，做一个连父母都不愿说起的耻辱的存在。

可漫漫尘世里，并不是不愿意，就能够安然而退的。

人生，由不得我们肆意选择，也由不得我们惶然退缩，这是一场永无退路的战争，或者一败涂地丢盔弃甲，或者高高在上凯歌飘扬。

曹雪芹也不愿成为家族的不肖子，然而他所看到的，他所经历的，他最真诚的心所告诉他的——他无法忍受社会的黑暗，等级制度下的残酷不公。他的心里在无声高喊：我不愿做家族的叛徒，然而，我没有选择，只能做家族的叛徒。

或者，在当年无数个茫然晦暗的夜里，他迎着无尽的暗色，如此痛苦地呐喊着。他没有做一个卑鄙的逃亡者，他宁愿当一个勇敢的叛徒。

所以他在《红楼梦》中，一开始就这样写宝玉：天下第一无能，古今不肖无双。执笔的是曹雪芹，写的却是宝玉，可实际上，不肖的，亦是他。对于成为家族的不肖子这件事，曹雪芹并不如同表面上所表现出来的那样放荡不羁，仿佛浑然不放在心上，若当真毫不在意，就不会用这样的口吻来形容笔下的主人公。他的反叛，是沉思后的平静回答——尽管不肖，可他依旧会这样"不肖"下去。从某种意义上来说，宝玉，便是曹雪芹对整个家族，骄傲而诚恳的回应。

能够将宝玉这个人塑造得如此细腻生动，于细节处，曹雪芹并不是凭空捏造的。我们可以在很多地方，都看得到两人若有似无的重合。

曹家是满族化了的汉人，他们的生活习俗，已经同满人基本上没什么分别。在曹雪芹诞生七日后，他的舅家派人送来了许多东西，这其中有各种小孩子用的东西：车、衣袜……其中竟然还有一双"金银麒麟"。像曹家这样富贵家庭的孩子，从小都是见惯好东西的，他们脖子上戴的，身上穿的，都是普通人家可望而不可得的东西。

因为那时新生儿存活概率普遍很低，当父母的，本着一片爱子之心，常常给孩子戴上项圈，意思就是希望套住孩子，留住他的命。也经常有供奉给寺庙许多香油钱的，让孩子在他们名下当个挂名弟子，以此保佑体弱的孩子能够健康成长。曹雪芹家中，为了让他能够平安长大，亦是如此做的。

而在曹雪芹幼时，时常佩戴一块家中长辈赠与的宝玉。玉在中国，有极其丰富的含义和崇高的地位，若是一个人能够得到"君子如玉"这样的称赞，想必此人定然德才出众。能够当得起如玉美名的人，最起码风度翩翩，温润有礼。在日常生活中，玉的地位也是很高的。

曹雪芹的这块玉，当然一定是一块非常好的玉。他也很喜欢这块洁白剔透的美玉，时常将它含在口中，让那种坚硬又温润的触觉，溢满整个心间。因为他时常这样做，于是便有嬷嬷笑谈，这块玉呢，是跟着你一块儿打娘胎里出来的，你出生的时候，口中就含着它呢！是一个有灵性的物件，与你生命是联系在一起的，所以不能丢失。

这样的话说多了，便在曹雪芹的脑海中产生了深刻的印象，在他的心底泛起了丰富的想象。也许,这便是《红楼梦》那美妙的开端。

他懵懵懂懂,却也觉得,这是个多么美丽的故事啊!于是,在曹雪芹幼小的心灵里,便种植下了这个美丽的说法,一如落地生根的草木,最后开出了清丽无双的花朵。

也许,曹雪芹生而背负着著述传奇的使命,从他的生命开始时,红楼梦的故事,也开始细细碎碎地累积起来。积攒在他的心底,等到他将世事看个通透,时机成熟,便会落笔,一气呵成恢宏巨著。

长大之后,他自然明白,那不过是一句玩笑话。可那真的是个美丽得令人心碎的玩笑。世界上,若是真的有衔玉而生的人,那应该是九天上的仙子转世而来吧。出生时就不同凡响,长大后也必然举止非凡。或许是出于一个美好想法,历史上那些举足轻重的人,出生时总会天降异象,或者漫天彩霞格外绚烂;或者母亲梦龙缠身;或者忽然满室生香。衔玉而生,同这些传说都不一样,是如此独特,也是如此神奇。

再后来,他已经明白了这个尘世的艰难,明白了并不是所有事情,都能如神话般简单纯澈。可他依旧无法放弃这个美丽的故事,他将童年的记忆和多年的风霜结合,结成一个奇幻而忧伤的故事开头——

在遥远的大荒山,谈道论经的一僧一道翩然而来,因顽石的恳请,动了怜悯之心,将它化作一块美玉,投入浩瀚红尘中,历经千情万怨。晶莹剔透的美玉,不过是这块丑陋大石的幻象,而这段淼淼红尘梦,究竟是真是假,是黑是白,我们都不得而知。

这个开头,已经同当年无知孩童听来的话有太多的不同:嬷嬷的话,带着几分笑意,几分祝福;美玉成了顽石,亦不啻是曹雪芹对自己这凄凉人生的不羁嘲笑!

我们已经无法知道，当年曹雪芹在抓周时究竟抓到了什么，是象征着文采出众的朱笔，抑或是一方精致小巧的墨砚；是意味着此生大富大贵衣食无忧的银票，抑或只是一支随意从窗外折下的桃花；是代表着金戈铁马傲岸沙场的小小红缨枪，抑或当真如《红楼梦》里宝玉抓到的脂粉钗环。

这一切，都不会被记载下来。到底只是一个家族中的琐事，虽然对于这个家族而言，是隆重的大事，然而之于国运，之于皇室，无非是轻如鸿毛之事。纵使是皇子抓周抓到了什么，也不会被人深记，更何况只是一个包衣家中的孩子。这是一个永恒的秘密，或许，我们只能在《红楼梦》中，一探前尘的蛛丝马迹。

时光的河，静静地流淌，曹雪芹在简单的快乐中成长。曹雪芹和其他孩子一样，喜欢听各种各样的故事。

曹雪芹一向自持是家族的不肖子、叛出者，可见，他在这个家族中，或许生活得并不快乐，尽管他是一个那么喜欢读书的孩子，然而读的书并非是所谓的"圣贤书"，而是一些各方面都有所涉猎的"杂书"，亦是不讨人喜欢的，其中有神话、寓言、民间传说、历史故事、戏文与小说的摘叙……那些奇妙的故事里，他可以插着想象的翅膀，自由飞翔。那是完全不同于眼前的另一个世界。文艺和智慧的种子由它播植。但是，曹雪芹却有着与众不同的经历，那就是听西洋人讲外国故事。

当时，南京、苏州、杭州是江南产丝和纺织的三大集中点，其中以南京居首。许多外国丝绸商人来到这里。这其中便有一位名叫菲利浦·温士顿的英国丝绸商人。他来到南京，机缘巧合之下，结识了当时还在金陵当江宁织造曹頫，二人相交颇为投机。成为了朋友，两人相谈融洽。曹頫请他传授西方的纺织技术，在交往的时候，曹頫即兴赋诗，以抒情怀。曹頫常常邀请菲利浦来家中做客，菲利浦为他讲了一些异国风情和旅途见闻，还有就是《圣经》中的故事，或者莎士比亚剧本的故事。

菲利浦讲的故事，十分精彩，引人入胜，所以，曹府上下都在偷偷地传述着那些神秘而浪漫的西洋故事。在菲利浦来访的日子，小雪芹经常偷偷地走到附近入迷地听着那些动人的情节。

这一切，当然引起了曹雪芹的好奇。这个蓝眼睛、黄头发的外国人，老是来我们家，他和父亲在书房每次都能聊那么久，究竟是在说些什么呢？于是，小小的孩子偷偷从逃脱奶娘的视线，溜到了书房偷听大人们的讲话。

而按照当时中国的礼法，妇女与儿童是不允许听外国人讲故事的。

所以，曹雪芹的父亲知道了这事，非常生气。他觉得这是孩子不合规矩的行为，所以，把曹雪芹狠狠地痛打了一番。而曹雪芹心中自当是委屈，但是相比获得了那么多的故事，他还是觉得非常快活的。

不过这只是挨家法事件的其中一件，曹雪芹幼时十分顽皮，惹父亲动怒的事不在少数，也屡屡被动用家法。

这一段童年的经历，当然也深深镌刻在他的脑海里。后来这件事被曹雪芹写到了《红楼梦》中，因而他在描写贾父痛打宝玉的时候，代入了自己的情境，才能将那景象描写得栩栩如生。

贾政不由大怒：……宝玉急的跺脚，正没抓寻处，只见贾政的小厮走来，逼着他出去了。贾政一见，眼都红紫了，也不暇问他在外流荡优伶，表赠私物，在家淫辱母婢等语，只喝令"堵起嘴来，着实打死！"小厮们不敢违拗，

039

只得将宝玉按在凳上,举起大板打了十来下。贾政犹嫌打轻了,一脚踢开掌板的,自己夺过来,咬着牙狠命盖了三四十下。

……王夫人一进房来,更改更如火上浇油一般,那板子越发下去得又狠又快。按宝玉的两个小厮忙松了手走开,宝玉早已动弹不得了。贾政还欲打时,早被王夫人抱住板子。贾政道:"罢了,罢了!今日必定要气死我才罢!"王夫人哭道:"宝玉虽然该打,老爷也要自重。况且炎天暑日的,老太太身上也不太好,打死宝玉事小,倘或老太太一时不自在了,岂不事大?"贾政冷笑道:"倒休提这话!我养了这不肖的孽障,已不孝;教训他一番,又有众人护持,不如趁今日结果了他的狗命,以绝将来之患!"说着,便要绳索来勒死。

这一段,素来是《红楼梦》中被津津乐道的一段,描写之精彩,情意之真切动人,纵使放眼整个世界,也不见得能有这样漂亮的章节。

艺术和生活,不过一念之差。所有瑰丽的篇章,都凝结着现实的点点滴滴。宝玉挨打,同曹雪芹幼时的记忆,显然是有所重合的。那宛如是临水而生的花,自有婀娜身姿,映在水中,剪成一双。

不经历风雨,怎能见彩虹。

未尝过辛酸,如何铸成绝唱。

只浸在蜜罐里,莫道是能成就千古传奇?

这个家族中的孽徒,他将幼时生活中一分一毫:听过的故事,穿过的衣服,见过的美玉宝石美味珍馐,点滴不漏地深记在心底,深埋,不轻易挖掘,如同酿一坛好酒。随着时间的春去燕归来,这坛酒,积年之后,在时光里安然发酵,成了一醉千年的美酒。

让我们也将所有值得深记的点滴，轻轻地藏在珍贵的心底，温柔地，静默地，如同一部无声的老电影，光影流转，岁月轻柔。也如曹雪芹，酿一坛人生的美酒。就算不能酿出一部《红楼梦》，也要酿出一曲芬芳。

第三节 教育：前身定是瑶台种

有时候，在路上看到一些孩子，小小的身板，却拖着一只几乎有自己半个人高的书包，整个人好像被沉沉的书包拉得往后仰，两条小短腿，挪得格外吃力，一抬起头，还是一张稚嫩柔软的脸，一双眼睛乌黑明亮，湿漉漉地教人心疼。

而曹雪芹，却早在三岁时，便已经开始接受了启蒙教育。

曹家家学渊源。曹雪芹叔祖父曹荃文武双全，尤其擅长作画，还曾经当过南巡图的监画，深受文人雅士的喜爱。而早逝的伯父曹顒亦是能文能武，康熙帝对他深寄厚望，只可惜天妒英才，早早地就撒手人寰。曹雪芹的父亲曹頫，亦是一位谦谦君子，不仅能写好诗好文，对于戏曲的鉴赏，同样十分精通。

曹雪芹的祖父曹寅，除了江宁织造的显赫身份外，亦是一位精通琴棋书画的文人，曹家历代恪守文武传家的祖训，然而遗憾的是，即使是文学气息浓厚的曹寅，也不是正经科举出身，反倒是他的至交好友纳兰容若，中过进士，是从科举中走出来的。科举出身的人，在官场行走，都似乎高人一等。而曹家恰恰缺少这样的荣誉，这是他们感到十分遗憾的事情。

于是，加紧对后代子弟的培养熏陶，便是顶顶要紧的一件大事。为了让曹雪芹能够完成了祖辈的愿望，父亲曹𫖯很早就开始了对曹雪芹的启蒙教育。他亲自为幼子开蒙，《三字经》、《千字文》、《百家姓》、《弟子规》，这些幼学书籍，都是曹雪芹的课本。他早早就认得许多字，聪明而早慧。

那段温馨美好的短暂时光的清晨，鸡鸣不过三声，院落枝头的梨花还带着微微的露水，家中的下人们便能够听见父亲低声的解说，继而是孩子童稚清脆的读书声。读书固然重要，能够写得一笔好字也是相当重要的事情。

祖父曹寅的书法便是一绝，曹雪芹虽然没有见过祖父，但他的字写得好，却时常从家中长辈的口中听闻，他小小的心灵中，无法不也想像他的祖父一样，能够写出一笔的风清月明。

后来，曹雪芹的书法亦是刚劲有力，一如铁画银钩，笔锋锐利中犹有圆转。显然，幼时的他，很是下过一番苦功。

小小年纪便承受这么多的事情，这样的孩子，难免惹人心疼。然而，在读书这件事情上，平日里对曹雪芹十分宠溺的祖母李氏，却从未宽容过。她亦是出自名门，后来的苏州织造李煦是她的兄长，嫁入曹家多年，虽然享用着常人难以想象的荣华富贵，却也承受着常人难以承受的痛苦：中年丧子、老年丧夫，虽然名下还有个孩子，却并非亲生。老人家依旧承受下来，多年的风霜，填满了她脸上的沟壑，只是一双眼眸，却益发睿智。

虽然嗣子并非骨血，所幸孝顺有加，而孙子曹雪芹聪明乖巧，很是令人宽慰。李氏将一腔心血，尽数扑在曹雪芹身上，她把所有的温柔和疼爱都倾注给了他，逢人便夸他天赋异禀，头脑聪慧，是曹家的命脉，能够给曹家带来红运，所以加紧了敦促他读书，自然是一日都不曾放松的。这仿佛是她生命的天职一般。

为了让曹雪芹更好地读书，在他五六岁时，家中请来了一位学识渊博的先生，僻出一方清静天地，作为曹家的私塾，只供曹雪芹还有族中的亲眷子弟上学。与曹雪芹一同上学的，还有几位年纪仿若的弟妹们。这些孩子们平时虽然淘气调皮，在严肃的先生面前，却收起了一副顽劣嘴脸，倒恭恭敬敬起来。在这些学生当中，先生最喜爱曹雪芹，一是因为曹雪芹启蒙得早，识字、句读、写字、读书，这些基本功他已经相当扎实；二是因为曹雪芹不但聪慧，还是一个愿意努力的孩子，一个有天资又肯读书的孩子，在先生眼里，总是要多几分疼爱的。

静好的时光就这样轻轻流淌，没过多久，曹雪芹的功课又增加了一门。曹家人大多文武双全，很少有"偏科"的子弟，所以，对于曹雪芹的骑射，曹家亦是十分看重。教授曹雪芹读书的师父并不会传授骑射功夫，所以曹頫特意在府中又划出一块场地，专门让曹雪芹练习骑射功夫。

那时的曹雪芹年纪尚小，虽然领悟力和姿势都是绝佳，天生欠了几分力气，稍稍稚嫩了些。随着年纪的增长，他的骑射功夫也是愈发长进了，多年后，他凭着自己出色的武艺，入宫当了侍卫。而能够成为侍卫的人，不管背景如何，骑射功夫一定是十分了得的。

在偌大的家族中，早慧的曹雪芹不仅得到了家中长辈们的宠爱，也得到了舅祖李煦的喜爱。时年，李煦就任苏州织造，他在苏州的一个园子，本是曹家的，后来曹寅改任江宁织造，这个园子便转入李煦名下，这个园林，亦是号称天下第一园林的拙政园的一部分。而幼时的曹雪芹，时常在这个园子里玩耍，那些姹紫嫣红的故事，总是以芬芳，向他倾诉着不一样的故事。在芬芳中，度过他的美妙的童年时光。

曹雪芹自幼好书，每当有闲暇，做得最多的事情，便是溜到祖父留下的书房中，漫卷诗书，徜徉文海。而舅祖李煦，恰巧也是爱书之人。他同曹雪芹的祖父曹寅一样，不仅是一个藏书家，同样也是一位精通诗书的妙人。一老一少凑在一起，总是有说不完的话，好奇的小婢凑耳倾听，只听到一堆的"之乎者也"，可这两人却投契得不亦乐乎。

幸运的是，作为授业解惑者的曹頫和李煦，他们并没有只将曹雪芹囚禁在小小的四方屋子里，令他埋头苦读。他们深知"读万卷书，行万里路"的道理，虽然公务繁忙，无暇分身，他们却时常令忠心的仆人或下属们带曹雪芹出去走走，多看一看这个繁华的大千世界。因此，虽然年幼，曹雪芹走过的地方，却比许多人一生走过的都多——哪怕此时，他只是走遍烟雨江南。

或许，我们走过的江南，数百年前，那个有着玲珑剔透心的孩子，也曾睁着好奇的双眼，想要将这个世界尽收眼底。他看过春日和风里，曲水流觞萦绕着的茫茫竹海；他淌过浅草乱花深处清澈的溪流，一只娇气的早莺唱得婉转又迷离；他也走过江南的白墙黑瓦，烟波升起，小舟翩然而过，回首时，一场若真若假，恍如梦幻。

正是因为如此，曹雪芹的眼界和见识，要远远超过同龄甚至比他大上许多的孩子。他心性通透豁达，又见识匪浅，这大大影响了他日后的创作，虽然那时的曹雪芹，只沉浸在外出游玩的喜乐之中，未必能够了解此举的深意。

在匆匆而过的童年里，他还记得，幼时的自己，最喜欢的玩乐，便是放纸鸢。纸鸢、筝琴、见踢，这些是江南的孩子们最常见的游戏。见踢便是踢毽子，筝琴便是类似于音乐的游戏，而纸鸢，则是曹雪芹童年里最常见和喜爱的游戏。

三月，春暖花开，清风幽然生起，吹落片片桃花。漫不经心地走在青翠的山野里，便能够听闻不远处孩子们的笑声，继而，便看见天上断断续续地飞舞着五光十色的纸鸢：浅红、绯紫、橙黄、月白、葱绿……层层叠叠，宛如一场盛开在白日里却难以凋谢的烟花。

曹雪芹当然不会出现在这些山野孩子的队伍中，他的自由，仅限于长辈的允许范畴内。虽然他只能在高墙大院里放纸鸢，可快乐，也丝毫不因为不自由而有所减少。他喜欢纸鸢上那些活灵活现栩栩如生的画，蜈蚣、苍鹰、蝴蝶，甚至还有粉面朱唇的美人儿；其实他更喜欢的是纸鸢被放飞的那一刻，从尘埃里，直迭迭地扑上蔚蓝的天空，清和的风迎面而来，只是那瞬间，仿佛整个人都能随同纸鸢一样，遨游在辽阔的蓝天。

《红楼梦》中亦有过放纸鸢的情景：大观园中的姐妹们，各个拿了极其精致的纸鸢放飞蓝天。

紫鹃笑道："这一回的劲大，姑娘来放罢。"黛玉听说，用手帕垫着手，顿了一顿，果然风紧力大，接过籰子来，随着风筝的势将籰子一松，只听一阵豁剌剌响，登时籰子线尽。黛玉因让众人来放……紫鹃笑道："……"说着便向雪雁手中接过一把西洋小银剪子来，齐籰子根下寸丝不留，咯登一声铰断，笑道："这一去把病根儿可都带了去了。"那风筝飘飘摇摇，只管往后退了去，一时只有鸡蛋大小，展眼只剩了一点黑星，再展眼便不见了。……宝玉道："可惜不知落在那里去了。若落在有人烟处，被小孩子得了还好，若落在荒郊野外无人烟处，我替他寂寞。想起来把我这个放去，教他两个作伴儿罢。"于是也用剪子剪断，照先放去。探春正要剪自己的凤凰，见天上也有一个凤凰，因道："这也不知是谁家的。"……说着，那喜字果然与这两个凤凰绞在一处。三下齐收乱顿，谁知线都断了，那三个风筝飘飘摇摇都去了……

这一段，源于第七十回"林黛玉重建桃花社，史湘云偶填柳絮词"这一章中。园子里的众姐妹，正是姣花软玉的好年纪，齐聚在一起，宛如各色的花一同盛放。曹雪芹在这一章中，许自己再当了一回孩子，纵容幼时的快乐滋长进活色生香的文字里。他搁下笔，仰望着自由的天空，指尖轻轻一动，仿佛握住了那根细细的丝线，可是，那系着无忧快乐的线，早已在荏苒岁月里悄然冲散，他再也找不回，幼时的纸鸢，也寻不回，当年的纯真笑容。

第三章

背景格局：不知风雨几时休

第一节　翻覆：一别西风又一年

或许，在每个人心底，都有一段隐秘的往事。这段往事，被月光轻轻迷蒙，被流年悄悄打湿，最终迷离成连自己都看不清的模样，引得某个时刻，苦苦追忆这积年的谜。却只是隐约记得，自己回忆里，有过这样的美丽，如同夜色静谧，星辰低语。

曹雪芹亦是一个如谜一样的人，他的出身成谜；生卒成谜；后代成谜，至于他所生活的年代，我们只能大概推算，他是生活在18世纪的20年代到60年代，大约只活了四十余年。对应至我国的历史，大约便是雍正一朝到乾隆中期这四十多年的时光。

雍正是历史上极出名的手段残酷的皇帝，他生性阴冷毒辣，即位后迫害过许多当初阻碍过他登上大宝的人，同时，"文字狱"的风波，亦是在雍正手里大肆发作起来。

那些残酷的旧事，沾了血迹，映着一轮寒月光，冰冷如霜雪。这些之于雍正，竟然也不算什么，雍正在位时，政绩还是不错的，康熙过世后，留给雍正的国库中，仅有白银八百万两，经过他的励精图治，十余年后，积成六千万两的巨款。虽然这笔钱，绝大多数都被用在军事支出上。可到了乾隆朝时，国库中依旧有二千四百万银。这为后来的乾隆朝盛世打下了坚实的基础。

然而此人素来为世人诟病不喜，多数是因为他大肆兴起的"文字狱"。

文字狱的萌芽，在顺治、康熙两朝便有所影迹，但将其"发扬光大"的还应该是雍正时期。清雍正二年（1724），亦是曹雪芹出世不久后，浙江学者汪景祺被令斩首，其妻流放黑龙江为奴，五服内兄弟亲戚，均因此横祸，或流放宁古塔，或革职监禁。追溯起因，只不过是他写了一首据说"讥嘲康熙"的诗文，被雍正以为大逆不道。次年，又有礼部侍郎查嗣庭出题"维民所止"，雍正一看，勃然大怒，以为此题中的"维"和"止"，恰好是雍正两字去掉头，此人心怀不轨，果然是留不得了！遂革职下狱，待得查嗣庭枉死狱中后，还是不解心头之恨，将其尸首午门示众。其后，查嗣庭之子同执行死刑，家属尽数流放。

诸如此类，在雍正朝简直数不胜数。学者吕留良、工部主事陆生楠、御史谢济世等人，均是因此获罪，轻者流放边疆，重则即刻处死，祸及九族。因此，有人说，若是李白生在清代，敢让梁九功给他脱鞋，敢写诗讽刺抱怨皇帝，他早已死了千百回。可见，清代文字狱捕风捉影地对文人和百姓们的迫害，已经到了何其血腥残酷的地步！

直至乾隆时期，文字狱的风波依旧未曾停息。后乾隆命纪昀主持编订《四库全书》，在收集文化遗产的同时，亦是销毁了不少当时被认为有"反骨"嫌疑的著作，这其中，也曾有《红楼梦》，幸而，此书深入人心，最后连乾隆也觉得此书文采风流，难得一见，总算是手下留情。

可到底是人人自危，夜夜惶恐。虽然此时这旧账还没有算到曹頫头上来，可曹頫亦因此夜不能寐，食不能咽。整个曹家，都蒙上了一层暗淡的灰。那时，曹雪芹不过是一个四五岁的孩童，可家里的变化，细腻敏感的孩子，是最能感知的。他看到了父亲眼中的哀伤，他听到了曹家老宅的叹息。

就在这个古老的国度正掀起一片腥风血雨之时，大洋的彼端，却已经开始迈出巨大的步伐。那个时代，在西方世界，正是最好的时光：牛顿开启了一个新的历史征程，牛顿去世时，曹雪芹已经出生，而瓦特就是在那一年，发明了蒸汽机；曹雪芹正值弱冠之年时，孟德斯鸠、狄德罗、伏尔泰等思想家的著作纷纷面世，给西方世界带来了巨大的冲击。在曹雪芹去世后的二十五年，法国大革命轰然而起。

因此，当东方世界还处在一片混沌之中时，西方世界已经看到了启蒙的曙光。这种差异是巨大的，如今，我们尽管可以骄傲地说，当我们发明造纸术、指南针等时，西方还在茹毛饮血的时代；然而，我们无法否认，当我们还沉醉在青瓷勾勒的烟雨和朱笔挥就的风流时，我们同西方世界的差距，正在以无声却巨大的步伐，逐渐拉开差距。

多年后，当西方用着我们发明的火药填充的大炮对准我们的城门时，我们才惊慌失措，却不知，这个因由，早已在我们每一个沉醉迷梦的夜晚中被埋下。而那时的统治者，又在做些什么呢？清朝初期的统治者们，都不是无能之辈，康熙更是难得的帝王，雍正虽然残酷，在政绩上却也不逊于他的父亲。明朝已经萌生的资本主义萌芽，到了清末，依旧只是萌芽。在这段漫长的时光里，华夏大地上，从清军入关统一天下开始，就不断发生局部战争。

战争是其一，然而隐患，却是在入关之初就隐藏下的。满汉两族，在和平相处了数百年后，在经历了共同的繁华之后，渐渐有细微的嫌隙，从微弱至尖锐，最终破裂成一个难以弥合的民族矛盾，后来，这个矛盾上升到阶级矛盾的高度。至乾隆年间，康乾盛世的末年，亦是强弩之末。曹雪芹去世后的第二十八年，打着"反清复明"旗号的白莲教盛行一时，大清王朝，在盛世的光华下，平静的镜面，开始裂开第一道伤痕。

这并不是最初，也不是最后。

朱门酒肉臭，路有冻死骨。这句成于唐时的诗，用在清朝，亦是恰如其分。上层阶级穷奢极欲，下层穷苦百姓，却衣食成忧。清代皇族中曾有人记载："京师如米贾祝氏，自明代起家，富于王侯，其家屋宇至千余间，园亭瑰丽，人游十日，未竟其居……怀柔郝氏，膏腴万顷……皇帝尝驻其家，进奉上方水路珍馐至百余品……一日之餐，费至十余万元……"

这同《红楼梦》中第三十九回"村姥姥是信口开河，情哥哥偏寻根究底"这一节相互呼应，书中写道：刘姥姥道："这样螃蟹，今年就值五分一斤。十斤五钱，五五二两五，三五一十五，再搭上酒菜，一共倒有二十多两银子。阿弥陀佛！这一顿的钱够我们庄家人过一年了。"又在四十回中写道：单拿一双老年四楞象牙镶金的筷子给刘姥姥。刘姥姥见了，说道："这叉爬子比俺那里铁掀还沉，那里犟的过他。"……也照样换上一双乌木镶银的。刘姥姥道："去了金的，又是银的，到底不及俺们那个佛手。"……刘姥姥也觑着眼看个不了，念佛说道："我们想他作衣裳也不能，拿着糊窗子，岂不可惜？"

贾府一顿螃蟹，便要花去庄稼人家一年的花费，何况经过贾府的接济，刘姥姥家在村子上，也算是不错的人家了。就是这样的人家，一年的费用抵不过贾府一顿螃蟹筵，这种对比，是何其深刻！当时富贵人家的生活水平，可以说是到了极其精致的地步,吃的用的,都是常人难望其项背的。

在第四十一回"栊翠庵茶品梅花雪,怡红院劫遇母蝗虫"中,又写道:贾母笑道:"你把茄鲞攥些喂他。"凤姐儿听说,依言攥些茄鲞送入刘姥姥口中,因笑道:"你们天天吃茄子,也尝尝我们的茄子,弄的可口不可口?"刘姥姥笑道:"别哄我了。茄子跑出这个味儿来了,我们也不用种粮食,只种茄子了。"众人笑道:"真是茄子,我们再不哄你。"刘姥姥诧意道:"真是茄子,我白吃了半日。姑奶奶再喂我些,这一口细嚼嚼。"凤姐儿来又攥了些放入口内。刘姥姥细嚼了半日,笑道:"虽有一点茄子香,只是还不像是茄子,告诉我是个什么法子弄的,我也弄着吃去。"凤姐儿笑道:"这也不难。你把才下来的茄子把皮签了,只要净肉,切成碎钉子,用鸡油炸了,再用鸡脯子肉,并香菌、新笋、蘑菇、五香腐干、各色干果子俱切成钉子,用鸡汤煨干,将香油一收,外加糟油一拌,盛在磁罐子里封严。要吃时拿出来,用炒的鸡瓜一拌就是。"刘姥姥听了摇头吐舌说道:"我的佛祖,到得十来支鸡来配他,怪道这个味儿。"

连饮食都这样精致奢侈,如此华族,又如何能不败呢?

积年累月后,这个王朝,被夹困在内忧外患之间,风雨飘摇,岌岌可危。在一片祥和宁静中,敏锐的曹雪芹,仿佛一介通灵的使者,忽然嗅到了嬗变的意味——这片天地,或许就在某个角落,正在发生着天翻地覆的变化,这个变化,或许令脚下的土地,都染上了沉重的色彩。

作为作家,曹雪芹的心,素来比旁人更加灵敏多思。而经历了家门寥落之悲的他,也比常人有着更容易悲悯的情怀。怪乎后来的一代巨匠鲁迅如此点评:"悲凉之雾,遍被华林,然呼吸而领会之者,独宝玉而已。"说的虽然是宝玉,然而,这又不外乎便是曹雪芹。他早早地,就预测到了悲凉的末世,天和地，都是命运的奴仆，被翻覆于手心，渺小的生命们，徒然是有心无力。

百年后的我们，翻回去历数往事，窗外星夜沉沉，点点尽是沧桑，它们同我们一样，亦是轻叹了一口气。

第二节 亏空：眼前道路无经纬

有人说，最痛苦的事情不是一无所有，而是在拥有之后，一夕之间，被剥夺成一无所有。徜徉过微雨的清新，方领悟晴光的袅娜；沐浴过红尘的悲酸，方了解其中的欢喜。

人生啊，有时候，去总是一个不断拥有和不断失去的轮回。

谁都有个白日梦，希望有一天突然大发横财，或许是买张彩票，忽然之间中个最高奖，又或许在路上走着走着，就能被谁看中，自此平步青云。梦，谁都会做。可是，却不知道有多少人想过，倘若梦想成真，最终却成落花流水一场空，心中的忐忑失落，是否当真能够承受。

倒不如，始终平淡恬然，波澜不惊地走过这温柔岁月。

只可惜，一部《红楼梦》，十年辛酸的曹雪芹，并没有这样静好的时光。他出生于一个家族的乱世飘零之末，没有见证和经历过这个家族的荣耀和光华，却不得不跟着整个家族，一同走向覆灭和清贫。

他出生时，曹家，已是多事之秋。

康熙帝还在的时候，不论曹李两家如何行事，皇帝都会睁一只眼闭一只眼，大致上不出错，总还是能保住他们的富贵太平。康熙一去，一切被掩埋在暗处的事情，霍然之间，浮现水面，一切错误和罪责，通通需要替罪羊羔，显然，即位的雍正不能将罪名归在父亲身上，他只能拿奴才们开刀了。哪怕，这两家奴才曾同父亲感情深厚，可再深厚的情谊，到了雍正这一辈，到底淡了。

况且，皇四子胤禛，是出了名的冷酷无情。康熙帝的皇子多达二三十个，说胤禛是踩着众位兄弟的头颅即位的，并不为过。这个皇位，他抢得腥风血雨，即位后，更是冷漠残酷地逼死了当年有力的竞争对手们，就连自己的胞弟，他也下令将其幽囚于深宫内，终身不得参政。

雍正对待父亲留下的旧奴们，亦是同样冷酷。他首先查的，就是国库的亏空。曹家的姻亲李家，被查出亏空银两四十五万两，李家的全部资产被相抵，也不过抵下了十五万两，剩下的三十万两，由江南地方上的盐商代为还清。而那时，曹寅已经过世，他在世时，竟有五百多万两的亏空，继任的曹頫耗尽心力，也难以偿还巨债——而说来冤枉，这些亏空，大都是当年康熙六下江南时导致的。

《红楼梦》中有一个老奴赵嬷嬷曾说过这样的话："哎哟哟，好势派！独他家接驾四次！"其实，这句话便是曹雪芹在暗指自己的祖父曹寅。但实际上，当着苏州、江宁两地织造的曹寅，并不止接驾四次。曹寅同李煦，分别在苏州、扬州、南京三个地方，都接过驾，加起来就是十二次！

难怪曹雪芹又在《红楼梦》中不无凄凉辛酸地讲："把银子花得淌海水似的。"接驾一次，便已经耗尽多年积累，更何况是十二次！在这一次次的天赐的"荣耀"里，曹家和李家，渐渐将自己变成一个空壳子，徒留金碧辉煌的大门,推开门,是一片漆黑和荒凉。然而,皇帝的恩宠,身为奴才的,怎能拒绝?为了让皇帝玩儿得尽兴,游得畅意,两家人只好一次次挪用公款,一次次拆了东墙来补西墙。

康熙是个赏罚分明的皇帝,身居高位,他深知,自己的南巡,亦是给曹李两家带来了巨大的金窟窿。光凭俸禄,如何当得起这巨额的花费?当真是铁打的曹家,流水的白银。他干脆不闻不问,有时候,还甚至特意为他们亏空公款行个方便。所以说,若是康熙在位再多几年,将自己留下的"饥荒"处理好,曹家说不定也能够在雍正王朝全身而退。

曹雪芹,这个"不肖子孙"就是出生在这个一望无际的黑暗时刻的。那时,曹家东拼西凑,总算将明面上的债务结清了七七八八,就在这时候,却忽然传来了一个噩耗——有人向雍正举报说,当年还是织造的李煦,曾于清康熙五十八年(1719)时,买了五个苏州歌姬,送给胤禩,同年,江宁织造曹頫又被查出同胤禟曾有过往来,这两人在当年竞争皇位时,都同雍正争得你死我活,各自伤亡惨重,最后还是雍正略胜一筹,雍正后来将他们囚禁毒死。

这种事情,在皇家,从来都不少见,皇位,向来都是累累枯骨堆积成的。一将功成万骨枯,成者为王,败者为寇,赔上生命当赌注,不论生死,他们都已经做好了准备。

只可惜当年投错城,压错注的臣子们;更无辜的,是如曹李两家这样被逼无奈才同这些皇子有所"勾结"的奴才们。他们身在其中能有什么余地?不论是当年还是此时,谁都是得罪不起的。上位的胜利者,功成名就之后,自然要同当年所有阻碍过大业的人们来好好算一算账。

东窗事发,一夜间,高门大厦轰然倾塌。先是李家,李煦此时已被罢官，依旧被捕流放至苦寒极地，两年后因病痛折磨丧命。曹寅的妹夫傅鼐在雍正还是皇子时，就当过他的侍卫。然而，雍正继位后，却因他为隆科多的儿子岳兴阿求情，被革职并流放黑龙江。而曹寅的长婿纳尔苏，还是正宗的皇室宗亲，是清太宗皇太极兄弟的后代，已经承袭平郡王，依旧被下令夺爵幽禁，原因无他，只因当年康熙帝曾令纳尔苏追随皇子胤䄉驻守过西宁，而胤䄉，则是康熙晚年最钟爱的皇子。康熙驾崩后，连胞弟胤䄉都被解除兵务幽囚深宫，更何况是胤䄉的亲信纳尔苏？未曾下令处死，都得称一声"皇恩浩荡"。雍正继承大统后，这些人，自然被一一清查。

而曹家也逃脱不了干系，被下令抄家，所有的田地房屋和奴仆，尽数被查抄。然而，令雍正意外的是，偌大的一个曹家，世代传承江宁织造的曹家，被称为江南繁华地中一等人家的曹家，竟然只查出了千余两白银——这个曾无比荣华的家族，显然已经如同腐烂的果子，外表看上去完好安然，其中已是千疮百孔。

抄到这样的家，连雍正也觉得扫兴。扫兴之余，未免也觉得恻然。于是，这位素来冷酷的皇帝破天荒地发了善心，同意不查封曹家在京城的部分房产，还留了三房人家的奴仆，来伺候曹家的长辈。这个家，好歹也算是保住了，同家破人亡的李家相比，已经十分侥幸。

曹頫松了口气，即刻陷入了忙碌之中：金陵城，已经容不下他们曹家了。他需要尽快吩咐下去，收拾好一切能够收拾的东西，举家迁回京城。

这对于曹頫来说，是一件不幸中的万幸。

然而，对于当年不过五岁的曹雪芹，却是懵懵懂懂里的第一道晴天霹雳。抄家，对于一个对整个世界都还抱着纯然美好的印象和想象的孩童来说，是何其残忍。所有熟悉温暖的一切，都被权力剥夺和践踏，忽然之间，他看到了世界上最冷酷贪婪的人性，最恶毒自私的阴暗。

于高鹗续写的第一百零五回《锦衣军查抄宁国府，骢马使弹劾平安州》中，就详细描写了宁国府被抄家的经过：正说到高兴，只听见邢夫人那边的人一直声的嚷进来说："老太太，太太！不……不好了！多多少少的穿靴戴帽的强……强盗来了！翻箱倒笼的来拿东西！"贾母等听着发呆。又见平儿披头散发，拉着巧姐，哭哭啼啼的来说："不好了！我正和姐儿吃饭，只见来旺被人拴着进来说："姑娘快快传进去请太太们回避，外头王爷就进来抄家了！"……那时一屋子人，拉这个，扯那个，闹得翻天覆地。又听见一迭声嚷说："叫里头女眷们回避，王爷进来了！"……只见箱开柜破，物件抢得半空。此时急的两眼直竖，淌泪发呆。听见外头叫，只得出来。

见贾政同司员登记物件，一人报说："枷楠寿佛一尊。枷楠观音像一尊。佛座一件。枷楠念珠二串。金佛一堂。镀金镜光九件。玉佛三尊。玉寿星八仙一堂。枷楠金玉如意各二柄。古磁瓶炉十七件。古玩胶卷共十四箱。……猞猁狲皮十二张。云狐筒子二十五件。海龙二十六张。海豹三张。虎皮六张。麻叶皮三张。獭子皮二十八张。绛色羊皮四十张。黑羊皮六十三张。香鼠筒子二十件。豆鼠皮二十四方。天鹅绒四卷。灰鼠二百六十三张。倭缎三十二度。洋呢三十度……铜锡等物五百余件。钟表十八件。朝珠九挂。珍珠十三挂。赤金首饰一百二十三件。珠宝俱全。上用黄缎迎手靠背三分。宫妆衣裙八套。脂玉圈带二条。黄缎十二卷。潮银七千两。淡金一百五十二两。钱七千五百串。"

一切动用家伙及荣国赐第一一开列。房地契纸，家人文书，亦俱封裹。

在这一回中，北静王出面，救了贾府，因此虽然宁国府被查抄，荣国府的损失却相对小一些，然而，一荣俱荣，一损俱损，贾家到底亦是没落了。

这些文字，读来已觉得惊心动魄，当真真切切地发生的时候，那又是怎样地撕心裂肺。那是静默却尖利的灭顶之灾，宛如即将溺毙在海水中的人，眼中忽然看到的是一个巨浪。

年幼的曹雪芹目睹了这残酷的一切，孩童稚嫩的目光落在这一片狼狈寥落里，渐渐染上了不该是这个年纪所有的悲凉。其实，他还不知道究竟发生了什么吧。只知道，自己的家，忽然之间，被带走了所有珍贵的东西——他珍爱的小玩具，爷爷收集下的孤本，甚至是父亲书房里的紫砚——然后，嬷嬷又哭天抢地地告诉他："小少爷，咱家这可算是完了！"他毫不理解"完了"的含义，什么是完了呢？他只知道，家里的气氛，一下子变得那样沉重，闷闷地，像是自己不听话时，被父亲狠狠呵斥。

难道家里所有人，都被谁狠狠呵斥了么？父亲可以呵斥自己，祖母可以呵斥父亲，可是难道还有人能够呵斥祖母？

小小的孩童并不知道，此时的曹家，已是破落到谁都可以来踩上两脚的地步。成年之后，抄家的恐惧和悲哀，并未随着时光的推移逐渐痊愈，反而沉淀成最深刻的伤痕。或许，曹雪芹的悲剧情节，是从那一刻开始的。任何美丽的东西，都会被轻易推翻和打碎，那么，无法改变任何现实、打碎任何东西的他，不如自己去创造一个瑰丽繁华的世界，而后亲手去伤害、摧毁。

北京有个大观园，里面也有怡红院和潇湘馆，芦雪庵和藕香榭，仿佛当年曹雪芹在《红楼梦》中镌刻的一点一滴，还了魂，重回人间。可是，这座华丽的亭台楼阁，只是后人的仿制，不是曹雪芹记忆中的模样，只能承载后人淡淡的追思和向往，无法守候他当年的惶然无助。

所以，多少次黯然地想：多想伸手，穿透百年的光阴，去安抚那个手足无措的孩童。抹去他懵懵懂懂里流下的泪，告诉他，那只是一场游戏，无关任何斗争与罪名。只是大人们和孩子们开的一个玩笑，他们把所有的好东西都藏起来了，故意等着孩子们去找。这个游戏，名叫"寻宝"。

而你，要等到你长大之后，能够吟诗作画的时候，能够拥有自己强大的意志和灵魂的时候，才能找到你的宝藏。

没有人会偷偷告诉你，你的宝藏，叫作《红楼梦》。

第三节　戏剧：冰弦拨尽曲中愁

始终相信，只要有一颗柔软善良的心，去感受万事万物中每一个缝隙的美好，上苍待你，总归是仁慈的。命运无法扭转，心境却已因调节而更改。

佛曰：人在荆棘中，不动不刺。
人曰：人在莲台上，不动即佛。
佛曰：心在俗世中，不动不伤。
人曰：心在俗世外，不动即亡。

一直很佩服有定力的人，不论凡尘俗事如何摧残一张娇嫩鲜美的脸孔，不论狂风暴雨如何伤害一朵清新可爱的花朵，不论尖锐时光如何让初升朝阳凋落成半边残霞，一颗心，始终是平静安详的，不喜不怒，无怨无恨，世间所有的荆棘，于它而言，均是一颗尘埃一沙砾，投入水中，也难泛起涟漪。

可人，七情六欲，爱恨嗔痴，碌碌红尘里兜兜转转，总难得坚贞守候一颗心的宁静。疼痛难忍的时候，会哭；欢喜难抑的时候，会笑；滋味不明的时候，会神色莫测。这就是人，虽然喧闹，亦是血肉温热的人。

我们还不够有定力，不够有耐心，所以，痛苦的时候，我们往往无法用佛法以超脱，我们只能感受细腻心灵里，每一分血肉模糊带来的刻骨铭心；或者，用灯红酒绿下的高度酒精，麻痹一时，尔后，更伤更痛。

有时候，这酒精，或许是一首唱落繁花的歌；或许是一卷积年泛黄的心经；或许还是一瓶酒，一瓶一醉就能忘记三千烦恼的酒。

曹雪芹的酒，是粉妆水袖，迷离笙歌中，婉转一曲神秘莫测的命运，在呖呖的舞台上，灯光如幻梦，油彩如画卷，他醉了，深深地沉醉在这一厢流年里。

有一则《红楼梦》旧本批语说道："曹雪芹，为楝亭寅之子，世家，通文墨，不得志，遂放浪形骸，杂优伶中，时演剧以为乐，如扬升庵所为者。"这个人，或许是有所笔误，将曹雪芹记作其祖父曹寅之子，又说他是因不得志，郁郁之下，方才热衷于优伶之乐。

诚然，曹雪芹对于优伶乐曲，素是钟情，这并无二话，然而他究竟是因为生性厌恶封建制度才自我放逐和解脱的，还是因为人生的不顺利，才自甘"堕落"的，这些我们都无法探寻真相。

窃以为那样一个光风霁月的人，不是没有才能，亦不是没有实力，若是他愿意，容许自己稍微妥协退让，低下骄傲的头颅，恳求祖父的旧识施以援手，他未必不能在官场上谋取个一官半职。然而，直至最终，他虽有功名在身，却始终以一介白衣之身，袖笼明月，眸转秋风。

他是真心钟爱着戏剧的，他深深爱着舞台上的咿咿呀呀，深深眷恋着那些被编排好的命运与人生，翻手为云覆手为雨，能够主宰这些角色的峰回路转，他觉得很快乐，很快乐。

在《红楼梦》中，曹雪芹写过很多关于优伶之乐的事情，若非曾深陷其中，他怎么会知道那么多生动的细节。

在他的文字里，我们可以知道，那时的"演员"来源，统共可以分为三种：

其中如芳官、龄官这样的女孩子，是富贵人家自己蓄养的小戏班里的，随时供主子们心血来潮或大宴宾客时，出来锦上添花的，《红楼梦》中贾家为迎接元妃省亲，特意从苏州采买回来的十二个女孩子，都属于这个性质；

另一种则是在王府或高门府邸中"当差"的男伶，曾害得宝玉挨打，最后娶了袭人的蒋玉菡，便是这种优伶；

最后一种，则是如柳湘莲这样的"客串"，他并不是固定的戏子，而是"玩票"性质的。这种人，往往出身世家，家境并不坏，他来演戏，不过是出于一腔爱好罢了。

就在数百年前，这还是一个受尽唾弃的职业，以取悦他人而存在的优伶们，社会地位底下，谁都瞧不起，世家子弟若是将他们当作玩物至多被说一句"纨绔子弟"，可若是正正经经光明正大地将他们当作朋友往来，大多会得一个"自甘堕落"的名声，要是连自己都披上戏服，咿咿呀呀唱起戏来，受尽白眼之余，还会被当成个茶余饭后的笑话，谁家的子弟，真是丢尽了祖宗的脸，好歹也是读过圣贤书的人，怎么能这样糟蹋自己？

然而，深具讽刺意义的是，如同黑白交织，两种极端的颜色，仿佛此生总是南辕北辙，再无相间相融的时节，可现实中，碰撞得最激烈的，不就是黑白两色么？站在权力最顶端的人，和没落在社会最底层的人，往往能产生无数次相见的机缘。世家子弟，同卑微低贱的优伶们，亦是如此。

清军入关后，清明太平的政治维持了数十年，高高在上的统治者们终于开始松懈，自上而下，悠闲了太久的世家子弟们，早已丢盔弃甲，忘记祖辈们一刀一剑拼天下的残酷史，他们无所事事，每日里到处游荡闲逛。

《红楼梦》中便写道："谁家的戏子好，谁家的花园好……谁家的丫头长得标致，谁家的酒席丰盛……谁家有奇货……谁家有异物。"八旗子弟们仗着祖宗余荫，不事生产已能够有所收入，不用担忧衣食住行，饱暖思淫欲，茶余饭后，他们便借着酒意，到处去消磨时光。《红楼梦》中不乏这样的人物，顶着"皇商"名号的薛蟠是一个，贾府中贾珍之流，亦是如此。

这对朝廷来说，自然是一件伤脑筋的事，然而，之于文艺上，却未尝只有坏处。这些世家子弟，一味追逐享乐，有几位反倒琢磨出了些门道来。艺术这片天地，最不堪的便是平庸和安稳，苦难到了极致，或是富贵到了极端，总能同生活交织出一些悦耳的声音。

这其中，就有不少当年热衷"玩票"的世家子弟们。而曹雪芹，便是其中特殊的一位。他的"玩票"，并非出于消磨时光，一味追逐乐趣，也并非只是单纯地戏耍玩乐。他的放浪形骸，反倒在当时的封建社会中，激起了几朵反封建的浪花。对于命运，他愤懑；对于社会，他无奈而悲愤；对于人生，他甘愿走进这群平凡而非凡的人群中，同他们倾心相交，把酒言欢，一同谱曲，一同绘制脚本。

曹家子弟曹雪芹自投优伶的消息一出，顿时在京城中掀起了轩然大波，所有同曹家有交情的人家，殷殷嘱咐自己的子弟们：千万莫要同曹家那个逆子一同出行，曹家当真是倒了八辈子的霉，竟然养出这样一个不肖子孙！

消息传到曹頫等长辈耳中，他们顿时勃然大怒。他们是如何"对付"或"拯救"这个晚辈的，我们只能凭猜测去想象。或许，曹頫再度动用了祖宗家法，狠狠教训了这个孩子一顿，然而此时，曹雪芹的反骨已生，皮肉上的痛苦，无法使他回归到所谓的"正道"中，他的心，依旧在那片水粉朦胧里。于是，曹家又将他软禁在家中，禁止他外出，纵使有外出的必要，也得经过长辈的许可。

盛怒之时，曹頫亦会怒极而呵斥："若是再同优伶们相交，从此我曹家，便没有你曹霑！我只当没有生过你这个儿子！"当父亲的，看到儿子"误入歧途"，亦是伤痛至极，可这个孩子竟然是如此倔强，纵使被打得血肉淋漓，也听不见半声讨饶，这由不得令他又痛又怒。

体弱的母亲亦是苦苦哀求，她求的，是一家之主的夫君好歹看在自己的份儿上，暂且放过孩子；她求的，也是自己的孩子，莫要再惹父亲生气，莫要给祖宗丢了脸。曹雪芹依旧不说话，他知道，这样的要求，他是做不到的。他那样深刻地清楚，自己的心在什么地方。

于是，他被软禁起来。一扇小小的茜纱窗，望出去的天空时而蔚蓝如墨，时而晴柔万丈，时而微雨纷纷，窗前的老梨树花开似雪，引来几只蜜蜂，嗡嗡地唱着忙碌的歌，将淡淡的芳香，从窗格里，送入他的眉间。这就是他的全部了，一盏清灯，一方小桌，一卷正义凛然的书，还有一个按点送饭的仆人。他的生命，仿佛就这样被嵌入这方寸天地，然而，纵使如此，也只是困得住他的人，却留不住他的心。

后来，在《红楼梦》中，读到警幻仙境的门联，秀气温柔的字眼：幽微灵秀地，无可奈何天。我总是莫名地想到那个被囚在斗室里的少年，眉眼孤独桀骜，他亦是无可奈何，他没想到，挣脱的阻力竟然这样巨大，实施起来，他也觉得疼痛。可是，他已经决定，就这样生活下去，自由自在，无拘无束地生活下去，哪怕遭到再多的嘲笑和困苦。

长辈们如此惊慌惶恐，大动干戈，唯恐曹雪芹同"戏子"们再有所往来，曹雪芹自己，却是已有自己的主见，他从来不是那种乖巧顺从的孩子，对于戏子,他自有自己的看法:纵再偶生于薄祚寒门,断不能为走卒健仆,甘遭庸人驱制驾驭,必为奇优名倡。

在茫茫的荒野里,他单薄的胸膛发出了金戈一般的呐喊:纵使出生再卑微低贱,也决不能为了一粥一饭去豪门大户做奴仆,任由平庸之辈们在自己头顶作威作福,决定自己的命运。与其如此,还不如从容放弃所谓的"颜面",自投下九流之界,不论是做优伶,还是生存于青楼烟花之地,到底凭是着自己的力量来生活的,靠的是自己的技艺,这是实实在在的,不需要去看任何人的脸色。

如曹雪芹这样的人,虽然寥寥无几,但也并非只他一人踽踽独行。杨懋建所作的《京尘杂录》中,就有这样的记载:乾隆年间的黄景仁,就曾在居于京城期间,因不愿趋附权贵,竟然身杂优伶,有时甚至亲身上台,宁愿只靠着自己的微末力量来养活自己,据说,他粉墨淋漓,登场歌哭,谑浪笑傲,旁若无人。这样的风流气度,纵使身陷囹圄,亦觉得骄傲。

想必,当年曹雪芹,亦有这样的风采,这样的骄傲。

曹雪芹的骄傲,就在这里。生命的从容,不在于有多大的权力,也不在于拥有多少金钱,更不在于获得多少人的敬仰和爱戴。

唯愿心安,心安处,便是吾乡。他唱遍了繁华,为人疏远,被人讥笑,甚至被家族当作耻辱,可是,没关系,只要心安,只要它觉得快乐,那么,这一切,都是值得的。

第四章

风云变故：三春事业付东风

第一节 失势：无端被诏出凡尘

岁月清冷，如同一盏清愁，隔江飘洒。昨夜的你，是否回忆起缱绻的往昔，在微寒的霜雪里，宛如傲雪的红梅，骄傲而巍然。总有太多过去抹不去，总有一首歌，会唱起心底最细微尖锐的疼痛。回顾前程，那又何尝不是人生里，最珍贵的瑰宝。

这场故梦里，人生如戏，戏如人生，恍恍惚惚里，明日成了昨夜，昨夜却又似在眼前，可到底隔了时光定律，再也无法触及，无法更改喜悦，亦无法更改追悔。一寸寸的旧时光被刻下，留下的，只是一地惘然。可惘然的或许是你，欢喜的或许是他，悲伤的抑或又是另一个他。

总有千千万万的缘由，为着千千万万的苦恼，冬日的雪下了一场又一场，有人呵着手心里偷偷乐；温暖的阳光洒满了整栋写字楼，也有人捧着眉心恨不能大哭一场。或许高兴的人，因着升职加薪的快活；又或许，苦恼的人在背地里暗暗恨道：爬得高，也就跌得狠。

这句话在各种场合里，总是不断听到，这些人里，有人语气哀怨，有人话语恻恻，有人愤愤不平，亦有人听天由命。

或许吧，这句流传了千百年的老话，也有其中真谛。诚然，高到云霄处的人，倘若一个不小心，懵懵懂懂地跌落凡尘，身体上的伤痛毕竟是小事，一颗心，究竟该碎成几瓣，才能弥合这难忍的痛。

跌落凡尘，到底不是无端端的。奈何有些人、有些事，从来都不曾在你的手心，由你翻云覆雨来去，反倒是你，在命运的手掌中，在胜利者的驱使里，不得不卑躬屈膝，任由他人踩躏尊严。君要臣死，臣不得不死。这是铿锵的气血，亦是无可奈何的悲壮。

是的，若是出生在遥远的百年前，你有什么权力和能力，来决定你的命运呢？你不过是别人手掌心中的小小蚂蚁，再有所不甘，亦是枉然。纵使是贵为皇室子弟，若不是站在最顶端的那个人，亦是空有虚名。

康熙废太子胤礽的嫡子弘皙便是如此。他的父亲，原是康熙的嫡子。康熙少年大婚，同皇后赫舍里感情甚笃，而两人膝下唯有一子，那就是胤礽。又因着皇后早逝，到底是少年夫妻，康熙对赫舍里十分追忆，奈何上穷碧落下黄泉，他便将一腔爱意尽数倾注到胤礽身上。虽然胤礽并非是自己的长子，可康熙依旧早早将其立为太子。他的儿子虽然众多，可唯有胤礽，是他花费了最多心血的，是他一手带出来的孩子，可以说，那是他最宠爱的孩子。

然而，偏偏是这个最宠爱的孩子，令康熙最为伤心。

成年之后，这个孩子不复幼时纯净温和的心性，他被权力蒙蔽了双眼，看不到父亲对自己的爱，他自私、凉薄，甚至在幼弟死去时，也依旧在府中花天酒地。康熙灰心失望之下，终于将太子废除。虽然是二立二废，胤礽终究同这个曾经只有一步之遥的位置永远错失了。

胤礽错过了皇位，这意味着他的子孙后代，也同皇位再无缘分。同样是康熙的孙子，因为当年的阴差阳错，原本应该是亲王的弘历，最后成了安享六十年富贵乡的皇帝；而本来可以登上皇位的弘晳，却只能屈居亲王之位。想来，亦不是不郁结的。此桩公案，最后还同曹家的彻底落败，有所关联，这是后话，暂且不提。

雍正的即位，不仅改变了一干王公贵族的命运，亦是改变了众多在他眼中微不足道的小人物的命运——曹家，就是这样一个因为历史洪流而彻底改变了命运的家族。

经历了抄家之祸后，曹家不复当年的富贵，可同李家的家破人亡相比，总算是全身而退，借着祖上的福荫和皇帝的偶尔心慈，还稍有薄产，维持基本生活，还是并不困难的。而雍正偶然的心慈，实际上也并非是单纯的心软。

曹寅在世时，人缘极好，口碑十分不错，他结下的善缘，无意中庇佑了曹家。曹家事发后，李家有没有得到众人的求情我们不得而知，然而可以确定的是，一些人的求情，在曹家能够保全家族中，起到了很大的作用。

在给曹家求情的臣子当中，便有官至湖北按察使的唐继祖，他曾经是曹寅的门生，在这件事上，并未翻脸不认，而是本着良心，冒着被牵连的危险，屡次上书雍正，恳请轻饶曹家。而雍正也念着康熙的情分，到底没有重罚。相对于文字狱中尽是死刑流放的严酷，对待曹家，雍正已是十分优厚宽待。

借着这些机缘，曹家小心翼翼，战战兢兢，不敢再越雷池一步，刚开始几年，生活水平还是能够维持小康水平的。到了雍正末年，那场亏空案的余波已有所平息，时日渐久，人们在忘却的同时，皇帝亦在左右权衡着。当初被流放边疆的臣子，也开始看到了回归京城的曙光。

在这些被"赦免"和"启用"的人当中，同曹家密切相关的是当年因为隆科多之子求情而被流放的傅鼐，清雍正九年（1731），傅鼐领旨还京，官复原职。而曹寅的长婿纳尔苏之子福彭,承袭平郡王爵位,次年,又奉旨出任镶蓝旗满军都统,又次年,福彭已可行走于军机处,参与军政要事,并被封为"定边大将军",领军出征,征讨准噶尔部。在此战中,因为双方消耗均十分巨大,遂停战议和,而清朝派出的议和大臣,便是傅鼐,此时,傅鼐官至侍郎,合约签订后,雍正论功行赏,连着擢升傅鼐三级,为都统。

傅鼐是曹寅的妹夫,同曹家关系匪浅,福彭则是曹寅的外孙,亦是曹雪芹的表兄,这两人都是曹家的中表姻亲,他们能够被起复重用,这从侧面说明,当年的事情,已经逐渐过去。连酷爱祸及家人的雍正都开始忘记此事,重用傅鼐和福彭,不正是此事正在被他遗忘的表现么?

这仿佛山重水复疑无路,柳暗花明又一村。峰回路转的变故,令曹家看到了希望的微亮。那是第一缕朝阳初升时,浅淡却绚烂的光芒,它使得曹家上下,都在做着一个梦,梦里,有当年江宁织造府的金碧辉煌;有曹家少年子弟驰骋官场青云直上的意气风发;在梦里,所有失去的一切,都得到了偿还,所有不白的冤枉的委屈都得到了安抚。百足之虫,死而不僵。曹家,就这样抱着渺然的希望,茫茫地等待着。

连傅鼐和福彭都已经从旧日的年月里走出来,他们当年触怒的龙颜,可比自己要大得多呢,一个是为犯官求情,一个祖上站错了队,自己家不过是"奉旨"挪用公款,实在算不上什么大罪。既然他们都能够被饶恕,自己重振曹家家声,或许,已经并不遥远了。何况,到底是姻亲,打断了骨头还连着筋呢,再怎么不好,那两家,现在都是位高权重的,无论如何也不会弃曹家于不顾吧。

傅鼐和福彭诚然没有抛弃曹家,他们还是尽力帮助着这门已经落败的亲戚的,因此,在寸土寸金的京城,刚开始几年,曹家的日子并不难过。然而,将希望寄托在他人的怜悯上，本来就是最不靠谱的事情。曹家忘了，傅鼐和福彭，本来就是根基深厚的出身，尤其是福彭，他的出身，并不因为他的母亲来自包衣世家就有所降低，他依旧是皇族之后，贵胄子弟，一时的落魄不会埋没亨他的血统，总有一日，他会回到原本就属于他的位置上。而曹家，始终只是皇家的奴仆。

可惜当时的曹家，并未意识到这一点。他们依旧满怀希望，等待着所有的荣耀再度光临。

这种荣耀，仿佛也有过瞬间的回转，如同死前的回光返照。那是这个家族，在官场上最后的荣光。

清雍正十三年（1735），皇帝忽然驾崩，皇四子弘历即位，也就是乾隆帝。早在即位前，弘历便已经被封为和硕宝亲王，参与机要，负责国事，雍正末年，一向严苛的朝廷有所柔化，不无乾隆的功劳。登基后，乾隆深知，收买人心对于国家稳固的重要性，于是他大赦天下，不仅下令释放了被雍正圈禁的皇族子弟，还赦免了许多罪臣。一时之间，人心向背，路人皆知。

曹家就是在这种情况下被"平反"的。清雍正十三年（1735）九月，曹雪芹的高祖曹振彦被追封为资政大夫，其原配和继室都得到了诰命，曹家族人中一位曹雪芹的叔祖辈，领参领兼旗鼓佐领职，而曹雪芹的父亲曹頫，也在内务府中当了员外郎。

这一切，仿佛都在告诉曹家，当年的耻辱，已经彻底成为了过去，未来，大好的未来，如同一幅巨幅的画卷，正徐徐展现在他们眼前。

他们都不知道，这一切，只是一场仓促的浮光掠影。绿萍翩跹水面，岸风缠绵烟波，良辰好景下，锦鲤偷偷藏在深处碧波里，悄然吐出一个气泡，金光如同被磨研得极细的粉末，均匀地染上那个小小的气泡，绚丽得令人屏住呼吸,生怕一个不小心,就惊散了浮云。

可这个小小气泡,这场酣然美梦,谁都不知道,它即将成为百年辉煌里,暗淡的收尾,和仓促的尾音。它徒留偌大家族最后的回味,停留在旧年的舌尖,萦绕不散,却不知,是苦,是甜;是喜,或是悲。

第二节
美人：春去秋来两茫茫

走过凝霜的深秋，如一个流浪多情的诗人，拾一片微湿的红枫，色晕如血。日光从遥远的天空忧伤地洒落，将红叶上的每一缕脉络和纹路都映得通明，于是，忍不住，想起一首古老的情诗：一入深宫里，无由得见春。题诗花叶上，寄语接流人。

千年前，亦是这样湿润静好的秋，在那个世间最繁华也最清冷的宫城里，宫装花鬓的少女，将墨迹未干的红叶，悄悄放入流淌的河流。她的年华，在深宫里，从韶龄到日暮，一如一朵娇艳的花，寥落成长满青苔的石。时光啊，就这样无声地流过，连一声匆匆的告别，都不曾有过。四角的天空下，有过多少韶华的女子，曾满怀期盼地仰起头，仰望自由的希望。仓促的青春，在无边的繁华里渐次枯萎，可心中，依旧是一片茫然。

天地之大，哪里才是自己的家？

传说里，写了这首红叶诗的宫女，有了很好很好的归宿。她的良人，在宫外的河流中捡到了这片红叶，细心珍藏，妥帖安放。多年后，老去的宫女放出深宫，同他结为夫妇，恩爱两不疑，最后她发现了被珍藏的红叶和诗，于是相信，缘分天定，夙缘早已被安排。

故事的结局总是很美好，人们也不愿猜想，或许，故事的最后，亦是凄凉和荒冷。那个多情的女子，她用时光，雕琢了这个美丽的梦，梦外，她渐渐苍老，守着华丽的宫殿，伴着寒冷的月光，度过了一年又一年的韶光。锦绣年华，尽付东流。过了很久，有人打开深锁的宫门，霍然发现，里面坐着一个白发苍苍的老妪，她神色端庄，一如往昔年少时光，她的眉间，还留着对自由的向往。

显然，宫中女子的怨，并不是单薄的。因此，描写这种怨恨的词，被称为"宫怨"。王昌龄写过，杜牧写过，而我在年少时，就看过一个女子的怨，可惜那时的我，并读不懂她的恨。

她的名字，叫元春。

二十年来辨是非，榴花开处照宫闱。三春争及初春景，虎兕相逢大梦归。这是曹雪芹给她的判词，她的命运，她繁华而凄凉的一生，都被细化在这二十八个字里。她是《红楼梦》中一个戏份儿极少，却举足轻重的角色，在全书一百二十回中，她的正面只出现了一回，其余几次，都在他人的口述里。这仿佛是一个影子，却又无比重要。

她是贾政和王夫人的长女，自幼养在贾太君膝下，被教养得温柔端庄，知书达理。长姐如母，宝玉亦是自小由这位姐姐教养长大的，两人感情亦是十分深厚。后来，她被家族送入深宫，在那个寂寞清冷的地方，凭着自己的聪慧机敏，渐渐熬出了头，先是被封为凤藻宫尚书，后晋为贤德妃。贾家，在祖宗余荫之后，她成了整个家族实实在在的靠山。贾赦之流，靠着这种裙带关系，打着皇亲国戚的旗号，很是做了一些无耻之事。

这个冰雪聪明的女子，是一个悲剧。她可以像杨贵妃一样获得帝王的宠爱，却连如杨国忠这样的兄弟都没有。她像是随风漂流的浮萍，生和死，都被家族控制在手中。她死了，贾家也就树倒猢狲散了。可是她，在阖上双眼的那一刻，是否还在牵挂着待罪的族人们？

在贾元春的身上，我看到了许许多多薄命红颜的缩影。她们或许是如元春一般，因为家族利益而被送入宫中；或是恰逢待选，被选入宫中，她们或保持着纯净无邪的本性，很快在危机四伏的宫廷里，萎落凋谢；或一步一步，变成自己都不可思议的模样，在吃人的世界里，以一张粉白的芙蓉面，笑里藏刀间，杀出一条血路。前者，保存了天真，舍弃了生命；后者，舍弃了灵魂，换取了自己和家族的荣华。

后来，元春被封妃。能够走到这个位置上的女人，想必已经沾染了太多无法言说的黑暗。她不再是当年待字闺中如纸鸢的少女，她已是高高在上主宰着众多悲欢的皇妃，生杀予夺，连生父生母见到她，都必须三跪九叩。只有在宝玉这个幼弟面前，她才流露出些许当年的模样，温柔、淡雅、永远怀着慈和的心。

《红楼梦》第十八回中写道：贾妃见宝、林二人亦发比别姊妹不同，真是妖花软玉一般。因问："宝玉为何不进见？"贾母乃启："无谕，外男不敢擅入。"元妃命快引进来。小太监出去引宝玉进来，先行国礼毕，元妃命他进前，携手拦于怀内，又抚其头颈笑道："比先竟长了好些……"一语未终，泪如雨下。

或许，只有在这个同自己血脉相连的弟弟面前，已是万人之上的元春，才能真正卸下自己的心防和负担，将积年的委屈，哭上一哭。《红楼梦》中，对元春的死交代得很模糊，只说是病逝。然而，根据判词推断，"榴花开处照宫闱"，可见元妃是有过身孕的，然而这个孩子却并没有生下来，只是开了花，却未结子。众多红学家多认定，元春是死于两派斗争中的，贾家的政敌，自然不愿意元春诞下皇子，因此，元春的死亦是必然。

可她的悲剧，却同样因她而延伸到钗、黛两人身上——她虽然疼爱宝玉，在为宝玉选择妻子时，却忽略了幼弟的真心，只是站在自己的角度：宝钗知书达理，温柔贤淑，何况母家也还在，到底有几分根基。黛玉虽然也好，可终究羸弱，性子也孤傲，她又是孤身一人，并没有旁的倚仗，还是罢了。当初，贾母中意的，是黛玉，而大观园中众人，也是将黛玉当未来的二奶奶来看的。宝钗能够越过黛玉嫁给宝玉，这其中，元春的授意，起了很大的作用。

她的悲剧，又造成了另外两个娇花软玉一般的女孩子的悲剧。这不能不说是一场彻底的悲剧。

这个悲剧性的女子，在现实中，是有原型的。或许，曹雪芹自己也见过这个女子，或是从别人口中听到过她的故事。不管怎样，故事由何而来，她触动了他的心。

曹家是满洲包衣，包衣家的女孩子，到了适龄年纪，就要去选秀女。没选中的秀女放还回家，自行婚嫁，而选中的女子，或被指给宗室子弟当福晋或侍妾，或入宫为妃或是宫女。出身不同，自然分配的归宿也就不同。

据推测，曹家确实有这样一个女儿，曹雪芹确实有这样一个比自己大了许多岁的姐姐，虽然未必是同胞姐姐。她在选秀女时中选，被分配到废太子胤礽身边当侍女。至于究竟是给胤礽还是他的儿子弘皙当侍女，这就不得而知了。

　　并不像我们想象的那样，实际上，皇家的奴仆也有调配制度的。或许，就是这样一次机缘，这位姑娘，在废太子去世后，被选中调入宝亲王弘历府中，后来，受到了宝亲王的宠爱，成为了他的侍妾。宝亲王，亦是后来的乾隆，因此，当弘历即位后，这位妾室，也就随之入宫，成为了皇帝的某位妃子。而作为娘家的曹家人，自然也就成为了所谓的"皇亲国戚"，虽然这个头衔，未必有多大的权力。

　　《红楼梦》第六十三回"寿怡红群芳开夜宴"中，写宝玉生日，众女儿相聚在怡红院中，大家喝酒、唱曲、抽签，签上有花名，有一句诗，暗示每一个抽签者的命运。而探春就抽到了一根签，这个签上面有一句诗，上面写着"日边红杏倚云栽"，意味着抽中这个签的人必得贵婿。于是便有人说："我们家已有了王妃，难道你也是王妃不成？"

　　这其中的王妃，自然指的是元春。然而，当时的元春已经被封为贤德妃，是皇妃，说是王妃，分明就将她的品级拉低了。或许，曹雪芹在其中，便映射了自己的那位姐姐，当年她在王府时，亦是称不上皇妃的，至多是个王妃，但当她的夫君成为了皇帝之后，她就可以从王妃变成高贵的皇妃。

　　这个皇妃，或许也曾有过身孕，但出于各种原因，这个孩子也未能来到这个世界上。若是这个孩子，平安诞生，曹家就算是有了真正的靠山，也未必会走向真正的落败。

　　落花流水春去也，天上人间。显然，不论是《红楼梦》中的元春，还是曹雪芹这个不知姓名的姐姐，她们都是一个赤裸裸的悲剧，这个悲剧，是时代造成的，亦是家族造就的。或者，在曹雪芹最后听到有关这位姐姐的消息，是她的死亡。那个曾笑颜如花的女子，亦如同千千万万朵鲜花一样，凋零在冰冷的深宫。

寂寞啊！那种繁华中的清冷，来得更加深入骨髓。花影斑驳，彩衣如画，一餐一饮，虽然都是穷奢极侈，可到底深宫里，温情太少，伤心太多。这是一个没有希望，没有未来，没有爱的世界，再美好的人儿，也会随着心的渐渐死去，逐渐成灰。心冷成灰，便了无生趣。

这个消息，给了年少的曹雪芹极大的震撼。他像是第一次发现——原来父亲及家人那样崇拜追求的世界，竟然是会吃人的。它像是一张恶魔的嘴，不断地吞噬着鲜活温暖的生命，用来充填黑暗和冷漠。可笑，那些年，父亲及家人无一不是在骄傲地提起这个女儿，沾沾自喜，引以为荣。她活着，是曹家的荣光；她死去，他们只是悲伤荣光的失去。他们已经忘记，当这个女孩被送入宫中的那一刻开始，他们就已失去了她，任由她孤身一人在残酷的旋涡中苦苦挣扎，生或死，都需要拼命，她心中的爱的光，或许早已熄灭，沉冷如铁。

于是，便有了元春。一个盛大而华丽的悲情女子。

他闭上双眼，将记忆里的少女，连成一个完整的悲剧。在他的笔下，这个女子复活了，她成功了，获得了皇帝的宠爱和信任。然而，这种幸运，并没有伴随她一生一世，三春争及初春早，她的一辈子，只有三个春天那么长，只有那三年的荣宠，才是她被族人记住的理由，即使她的逝去，众人都因此伏地大哭。可是，这其中，究竟有几个人，曾经真心地为她哭一场，而不是在哭自己即将失去的荣华富贵，哭自己悲惨倒霉的命运，哭这个家族的天空从此倾塌?

　　岁月里,那个渐然褪色的笑颜,沾染了尘世烟火,原本明艳的颜色,逐渐哀婉,她的嘴角,轻轻扬起,她的眉间,轻轻忧伤。

第三节 没落：命也势也终奈何

有时候，命运就是一出被编排详细的剧本，主角、配角、剧务、打光，一样样，一件件，渐次出场，在灯影璀璨里，演一场悲欢离合。而历史，就是这样一出细心演绎的戏，每一个人，都在用生命祭奠这场华梦。

早已编排的命运，又怎么能够改变呢？再多的挣扎，亦是日落西山，只会带来沉重的悲凉。

曹家的小康生活，在持续了几年后，很快付之东流。而这次，导致他们彻底没落的，并不是当年的旧案。这场极其突然的变故，相当严重，致使曹家终于奄奄一息，再也没有重新回到富贵之地的能力。

在那时，能够产生这样严重后果的事情，也不外乎是政治原因。当年，就是因为政治，曹家被抄家。而这次，曹家彻底败亡的原因虽然没有详细记载，但是，根据推测和所有蛛丝马迹，基本上可以断定，同清乾隆四年（1739）十月间的一件大事相关。

在这场变故中，本来就已经式微的曹家，终究没能逃过此劫。

这次变故，还要追溯到康熙年间，废太子胤礽于老父病逝后，虽然没有被赐死，却被幽禁在王府，还眼睁睁地看着从未当过太子的胤禛当上了皇帝，那原本该是自己的位置！自己巴望了一辈子的皇位，突然被一个往日总是对自己卑躬屈膝的人抢走，胤礽心中自然十分郁结。当然，他郁闷的时间也不长，不久后，他就去世了。

胤礽虽然去世了，但是他的儿子弘晳还是平平安安地活着的。作为曾经的太子嫡子，弘晳自幼很受重视，加之聪明伶俐，所以深受祖父康熙的喜爱，是在宫中教养长大的。雍正年间，他被封为郡王，到了乾隆年间，由郡王升为亲王。他也像他父亲一样，眼睁睁地看着弘历登上皇位，虽然此时他已经是亲王，可是一个宗室的闲散亲王，怎能同皇帝相比，更何况，在弘晳心中，他是康熙的嫡孙，弘历的出身本来就非嫡子，庶子的庶子却继承了皇位，弘晳心中，比他的父亲还要愤愤不平。

就在这时候，弘晳看到了曙光。即位之初，乾隆以宽厚治天下，不仅大赦天下，对有过过错的皇室子弟，也予以厚待。弘晳亦是得以从被严厉的政治监控中松了口气，获得了暂时的自由。他走出幽囚多年的府邸，深深地呼吸，有一种叫作怨恨和野心的情绪，在他胸臆之间疯狂地流淌，他忽然想起，那日亲眼看着弘历登基的风光——那本该是属于他的位置，而脚下的这片土地，也本该是属于他的国土！

积年的恨意，豁然奔涌而出，有着一发不可收拾之势。此时的弘晳，忘记了一句话：有多大的野心，必须有多大的才华；若没有，请潜心修炼，等你的才华能够承载你的野心。他的野心，已经远远超出了他本身所能承载的极限，他被欲望吞噬，冲昏了头脑，消磨了理智，开始兴致勃勃地在京城中频频现身。

这种现身自然不是普通的出现,走马观花斗鸡扑鸟,这些玩意儿,不过是消遣。弘晳心里有了想法,自然需要去拉拢其他皇室宗亲。他选中的是庄亲王允禄,这位亲王,是在雍正后期,深受雍正宠信的大臣,并且,在雍正去世后,同果亲王、鄂尔泰与张廷玉四人,一同被任命为乾隆的辅政大臣,加上他高贵的出身和身份,京中诸人,一时趋之若鹜。

这群人相聚在一起,刚开始也没有出什么大事,无非是聚在一起赏花赏月,游玩作乐,打发时间罢了。乾隆初登基,以宽柔治天下,因此两眼一闭,只当作没有听到。未想,事情越演越烈,这群人竟然开始在背后议论国家大事,甚至有不少"反逆"之语。

眼看这帮人拉帮结派,就要超出自己的忍受底线。乾隆虽然是清王朝历史上最为幸运的皇帝,生于太平年间,凭着祖辈打下的江山,天下清平,海晏河清,尤其是在他父亲雍正严苛政策的映衬下,更显得乾隆是个英明宽容的好皇帝。然而,乾隆之所以能够成为在位年长仅次于康熙的皇帝,最后还安安稳稳地当了好些年太上皇,是因为他并不是一个蠢人。

相反,他深知,朝臣党争的可怖。不论是唐宋,抑或是前朝,党争祸国,多少祸事,便是从党派之争中开始。即使是本朝,也有鳌拜、明珠、年羹尧、隆科多之祸。于是,熟谙驭人之术的皇帝毅然决定,将星星之火,就此掐灭。

未久,乾隆令宗人府查办庄亲王允禄、理亲王弘晳等人,罪名是"结党营私"。实际上,乾隆此举,并没打算将这几人就此拉下马,无非是给他们敲个警钟,以免日后酿成大祸。未曾想,在审案之中,竟然发现了理亲王弘晳"大逆不道"的证据。

这是乾隆始料未及的。他没想到,就在自己的眼皮底下,弘晳竟然能够做出如此令人惊愕和后怕的事情——弘晳在自己郑家庄的府中,仿照内务府制度，建立了七司制度。这种行为，就算弘晳当时并没有打算真的谋反，却也足够治他的罪了，即使是处死，亦是证据确凿的。七司制度，是唯有皇帝才能享受和使用的，一个小小的亲王，居然在自己的府中建立了这个制度，显然已是将自己当成皇帝，再往深处想，追到父辈上，谁都能想到，这其中必然是弘晳的不甘心。

或许，连弘晳自己也没有想到，这件事竟然这样快就被乾隆发现，他还沉醉在夜夜笙歌的幻梦里，梦想着有朝一日，他完成了父亲的遗愿，坐上了那个万众敬仰的位置。或许，设立七司制度，不过是他心中的小小愿望，暂且的陶醉，他心中虽然有怨，可也明白，此时天下太平，往事已矣，错过的，便是永远地错过了。可是，这一切的一切，都已经太晚。

乾隆已然震怒，便在此时，又有人举报说：理亲王弘晳曾询问京中有名的"神人"，问准噶尔能否到京？皇帝寿算如何？将来我还升腾与否？闻言后，乾隆勃然大怒——若是说之前的七司制度，还可以为是弘晳的不甘心，那么这几个问题，每一个都是赤裸裸地在表明理亲王弘晳的谋反之心是由来已久。他处心积虑，想将皇帝从皇位上拉下来，换自己来坐上去！这是任何一个帝王都不能容忍的，何况，乾隆还是一个极其聪明的帝王。

他决定严肃处理此案。平郡王福彭和另一位大臣纳亲奉命审理此案。平郡王福彭，便是曹雪芹的表兄，显然此时福彭还是深受重用的。然而，没等到案件最后审理完，乾隆又改任康亲王和巴尔图等人来审理，显然，福彭等人在审理案件的过程中，触犯了龙颜，以致圣心不悦，自此失宠。

这桩公案，从此改变了大清的政治格局——所有皇室子弟，被无形中驱逐出权力中心，中央集权愈发集中。这是乾隆一直以来的打算，他干脆利落地借着此案除去了皇室宗亲中位高权重之人，将外放的权力收了回来，牢牢地掌握在自己手中。最后，乾隆满意地看到，他的宿敌弘晳被自己下令禁锢于景山内，失去了终身自由，而那些宗亲们，亦识趣地退出了政治核心，潜心钻研风月，这又产生了一个后果——清朝的宗亲中，出现了尤其多的艺术家，这同乾隆关系匪浅。

亲王失宠，虽然距离权力远了，可好歹还有个身份在，无论如何都是高高在上的。譬如福彭，他虽然为皇帝所不喜，为了自保，只好上书请辞，但是身份在那里，就算是乾隆，也不敢亏待这位多年劳苦的郡王。但是，那些包衣奴才们，就无法避免地因此落魄了。曹家，就是在这种情况下，走向最终的落没的。

平郡王福彭失宠，就此丧失了参政的机会，而祸不单行，就在此案发生的前一年，曹家的另一座靠山傅鼐已因错获罪，病卒于家中。在短短的两年里，曹家遽然之间，失去了两个倚靠，凭着福彭和傅鼐才能在京中维持小康生活的家庭，瞬间陷入了巨大的困顿之中。曾经的荣华，难以光复。

或许，有人会这样问：曹家回到京中已有五年的时间，在这五年里，就算是凭着自己的力量，也能稳住一个家族，为何失去了福彭和傅鼐的帮助，就这样迅速地走向了陨落呢？确实，历史的真实面目，我们已经无法辨认。有人推测，在弘晳谋反之案中，极有可能曹家亦有人参与了这次"谋反"，当然，曹家被卷进去的这个人，未必是曹家的主脑人物，或许只是一个奴才，或许只是一门远亲，那个人参与的事情，亦不是"谋反"的中心事件，所以曹家虽然因此落魄，却无伤亡之事。

可曹家到底是彻底没落了。

这个曾煊赫一时名扬江南的家族，在经历了三世荣华后，终于彻底告别了以往的荣光。秋风瑟瑟，寒意顿生，地上的落叶被风卷起，起起落落，半点不由人。那时的曹雪芹，已从清澈稚嫩的少年，初露坚毅清瘦的面庞。虽然活在这个世上不过二十年，然而，他的双眸，已经看过太多的风云变故，太多的悲欢泪水，太多的啼笑皆非。他一人，浸泡在这沉甸甸的世间，双眼被尘世的黑染成了淡淡的灰色，他的心，亦是痛楚不已。他不知道，自己的路究竟会蜿蜒何方，这时的他，是茫然的，是手足无措的。他看不清未来的路，只在灰凉的颓唐背景下，笼罩着无奈的悲伤。

而多年后，他的骄傲和倔强，在孤独寒冷的现世里，撞击出玉碎一样的声音，那是一曲他用生命谱写的歌，生生世世，永流不息。

第五章

牛刀初试：口齿噙香对月吟

第一节
通才：韶华休笑本无根

> 诗余戏笔不知狂,岂是丹青费较量。
> 聚叶泼成千点墨,攒花染出几痕霜。
> 淡淡神会风前影,跳脱秋生腕底香。
> 莫认东篱闲采掇,粘屏聊以慰重阳。

这首诗,出自《红楼梦》第三十八回"林潇湘魁夺菊花诗,薛蘅芜讽和螃蟹咏"。

许多人为《红楼梦》的魅力所折服。曹雪芹真是个全才,诗词歌赋小说,样样都是手到擒来。小说写得好,诗词亦是妙极,黛玉、宝钗的诗,各个的风骨,字字皆是不一样的风流。这首《画菊》,出自薛宝钗笔下,亦是沾染了她的性情,温柔端庄,沉稳大方,不若黛玉的孤洁自傲,冰雪独立。

时光辗转,大观园里的故事,依旧鲜活如初,极尽笑谑的凤姐,有醉卧海棠香的湘云，亦有泼辣的晴雯和忠心的袭人，十二钗十二花，人人都是千娇百媚，仿佛一霎那里，百花盛开，香气久久不去的华美。

世人都爱看繁华，不愿悲剧收尾，那是善意的怂恿，每个人心底，都有着一个温柔的角落，哪怕日光始终不曾相照，亦有淡淡的月光，倾心相随。宝玉和黛玉在兜兜转转里吵嘴，而黛玉和宝钗在情敌的身份里却惺惺相惜。

所有美好，都会消逝，岁月见长，我们会发现，其实原来的美好，已不是很久前的单纯模样。我们会知道，单纯的不是这个世界，而是年少的我们。那个奢侈的愿望，只能停驻在我们心间。

相信，曹雪芹也愿意他笔下的主人公，合上书卷时，能有静好笑靥。可他更明白，他们被自己创造，诞生在笔墨间，不仅仅是为了追寻一场刻骨铭心的爱情，也不止是为了哭哭啼啼纠结于个体的结合，他们的意义，在于承载这个黑暗的尘世，让人们看到，原来在阳光普照的同时，也有暗夜追随而来。

于是，才有惊艳一世流传三生的恢宏巨著《红楼梦》。

离开富饶温柔的江南时，他还是个孩子，一双稚嫩的眼，忐忑地迎接纷乱的世界。十三岁，是初晓人事的年纪，懵懵懂懂里，世界开始逐渐明朗，黑与白、荣与衰，许多故事有了不一样的色彩。而他，已经历过抄家，没落，此时，他正经历着一场漫长的迁徙。

他抬起头，明亮的瞳仁中，映出曹家最后的荣华，和最初的萧瑟——织造府的大门旁，高高挂着一对红色灯笼，风一吹，流苏扑扑簌簌，流泻一地凄冷。其实那并不是深秋，可年少的孩子，还是感到一阵阵深秋的凉意，深入骨髓。

或许，此时的曹雪芹并不知道，从此，他就是无根的人了。在上流阶层，有没有根基，是很为人所看重的。家庭出身，一般决定了上级对待自己的态度。可曹雪芹还是看得出，从今以后，自己的家里，将会发生天翻地覆的变故，不再有锦衣玉食，不再有奴仆簇拥，也不再被人高看一眼。所有曾经的繁华故事，只是衬托今时的落魄颓唐。

都说英雄莫问出处，这之于曹雪芹，又何尝不是如此呢？

在最初的朔风里，曹家越过了长江，蹚过了淮水，两个多月后，他们终于来到了京城。崇文门外，有皇恩浩荡，为曹家老少留下了部分房子。这十七间半房子，一共要容纳曹雪芹的祖母李氏、母亲马氏，还有婶母和更小的堂弟，除此之外，照顾着几个主子的奴仆，从上百号人，变成了寥寥的六人。

还好，并不用担忧衣食。清朝开年，皇帝便定下的规定，只要是旗人，不论是满洲人还是包衣，每个月都能领到一份银两。所以，曹家上下十二人，每个人都能领到一份银子来维持生活。除此之外，早在抄家之前，曹𫖯也得到风声，做好了准备，将家中的财产转移了一些出来，这包括一些珍贵的孤本，还有一些金银细软，这保证了曹家暂时的生活不至于落魄不堪。

再加之京城的崇文门外，是极其繁华的所在，秦楼楚馆夜夜笙歌，酒馆戏楼亦是遍地开花，游人络绎不绝，自然也有巨大的商机。曹家的房子对于之前的他们来说并不大，可对于普通人来说，已经是非常宽敞了。而这幢又刚好在崇文门外，临街的那几间，就可以用来出租，收来的租金亦是一笔不小的收入。

此时的曹家，虽已没落，可如同《红楼梦》中的刘姥姥说过的那样：瘦死的骆驼比马大，凭他怎样，你老拔根汗毛比我们的腰还粗呢！

此外，曹家虽则只兴盛了不过三代，可百年时光过去，也并非是毫无脉络的人家。在京城，曹家亲戚好友众多，其中，如上文所述，承载着曹家最大期望的，是平郡王福彭。

清康熙四十五年（1706），深受康熙重用的曹寅奉旨送长女入京完婚，在康熙的指婚下，小小的包衣之女，飞上枝头变凤凰，成为了大清平郡王纳尔苏的嫡福晋，未久，她生下来平郡王的嫡子，取名福彭。

那是一个极其聪慧可爱的孩子，早年，康熙还在世时，他在众多的皇室子弟中便独独喜爱福彭，甚至自幼将他养在宫中，同一干皇子一起长大。因此，福彭同后来的雍正自幼相识，关系甚好。这段经历，是福彭一生当中最为骄傲的资本，康熙的孙子辈浩浩荡荡数百人，连许多亲孙子康熙都没有见过，一个宗亲家的孩子，却能够得到圣上如此青睐，这不能不说是一个家族的骄傲。

清雍正四年（1726），老平郡王纳尔苏获罪于雍正，被削去爵位并圈禁在家，而他的嫡子福彭，年纪轻轻就继承了爵位。而且，在福彭二十一岁那年，雍正将福彭选入宫中，定为弘历的伴读。雍正希望这位稳重、有才华的郡王，能够给未来的天子带来好的影响。实际上，每一位皇子的伴读以及师傅，都是他们后来从政的助力，这复杂的关系网，从清初开始，变成了不成文的规定。雍正让福彭成为弘历的伴读，亦是有让他效忠于弘历的意思。

福彭没有辜负雍正的期望，在他的影响下，弘历确实成为了一位非常有作为的帝王。更重要的是，只比弘历年长几岁的福彭，成为了未来帝王最为信任的人之一。弘历即位后，重用福彭亦是理所当然的事情。

福彭的母亲是曹頫的姐姐，看到自己的母家遇难，无论如何都要施以援手，而福彭也并未因为曹家是包衣的关系，就看不起曹家，反倒一直尽力帮助落难的舅家，对于表弟曹雪芹，亦是关爱有加。后来，曹雪芹能够成为侍卫，同福彭的大力帮忙，不无关系。

除了平郡王福彭一家之外，曹家有权有势的亲戚也不在少数。曹雪芹的伯父曹顾在康熙年间就当上了内务府茶房总额，管理整个皇宫茶务，因为工作出色，在雍正即位后，也并未受曹家牵连而罢免，依旧无波无澜地做着他的茶房总额。他甚至比以往更受荣宠，得到了雍正的不少赏赐，其中包括在烧酒胡同的九间房子。

而曹寅的次女，曹雪芹的另一位姑母，当年亦是被指婚给另一位王子，虽然她的境遇，史书上已无迹可寻，然而史书中也没有关于她家获罪的记载。因此只能推断这一家并未受到雍正即位带来的政治影响，虽无封赏，到底也平平稳稳地过着日子。算起来这位姑母所嫁的亦是勋贵人家，想来对曹家亦是有所帮助的。

曹家还有一位辈分极高的长辈曹宜，说起来应该是曹雪芹的堂叔祖。时年，他正担任内府三旗护军校，手握军权，多年积威下来，深有声望。不若曹家一直在江南当织造，曹宜这一支始终以习武为重，加之他为人忠心耿耿，前前后后加起来，为皇家效劳了足有三十三年，所以官职虽然并不是特别高，地位却并不比曹家的其他亲戚有所逊色。

曹雪芹还有一个姑祖傅鼐，是曹寅的妹婿，当雍正还是亲王时，他就在亲王府邸中担任侍卫一职，深受雍正信任。雍正曾亲口说过，在自己的亲王府中，唯有两人能够信任，其中一位是年羹尧，后来他成为镇守一方的大将；而另一位，便是曹雪芹的姑祖傅鼐，傅鼐不若年羹尧足智多谋，却性情忠厚，为人踏实，这样的人，才是帝王真正能用得放心的人。因此，即使傅鼐曾因为隆科多之子进言而获罪，不久后却依旧能起复重用。

傅鼐的长子，名叫昌龄，算起来应该是曹雪芹的叔辈，同父亲戎马天下的武将出身不同，他是正经的科举出身，才情非凡，学富五车。清雍正元年（1723），年轻的昌龄高中进士，被选入翰林院，撰旨写意，充任侍讲学士。曹寅收集的许多珍贵古籍，便是秘密转移到了昌龄的家中，以致昌龄家中的书斋之浩大，藏书之丰富，竟然远远超过了明珠之子、清代著名词人纳兰容若的收藏。

而据《红楼梦》最早的手抄本，是从怡亲王府中流传出来的推测，曹家的关系同怡亲王允祥亦是关系甚深。曹家三代同皇家的关系都缠绕纠结，同雍正的十三弟、心腹怡亲王允祥交好，也并不奇怪。《红楼梦》写罢后，最早的读者只是曹雪芹的亲友，而底稿的组织抄录者，便是小怡亲王弘晓，可见曹雪芹同弘晓亦是十分要好，作为好友的弘晓方能够去完成曹雪芹的遗愿。

可见，曹雪芹虽然常以无根之人寥落自慰，实际上的情形，却并非如此。在曹家潦倒时，这些亲戚，或多或少地，都伸出援手，帮着曹家度过最窘迫的那段时光。然而，奈何命运写就曹家的苍白尾声，就连这些身处荣华深处的亲友们，亦是无力回天。或许，便是这种境遇，加深了曹雪芹心中的悲哀。

第二节　成丁：自古穷通皆有定

十六岁，是一首生命中最甜美的歌。十六岁，是一段繁华中最璀璨的锦绣。十六岁，是一个梦里盛开的最鲜艳的花。人生里，能有几个繁花似锦的十六岁，能有几个这样洁白温柔的春秋。岁月的花开了又谢，南归的飞燕走了又回，来来往往的凡尘里，年年都有人憧憬着十六岁，享受或挥霍着十六岁，追悔或渴望着重回十六岁。

曹雪芹的十六岁，悄悄开放在清雍正九年（1731）的那个春天，风轻云淡，岁月安好。曹家上下，都注视着这个清秀明亮的孩子，不，不能再说他是个孩子了。十六岁，已是一个"成丁"的年纪。成丁何解？男孩子到了这个年纪，就是家里的大人了，可以支撑起一个门户，独自建立起一份家庭了。可以挑中自己心爱的姑娘，相依相伴；也可以外出当差，拿份俸禄来养活家人了。

那一年，初成人的曹雪芹，离开了咸安宫官学，进入了表兄福彭的平郡王府当差。也正是这一个机缘，使得在他行走于平郡王府的几年间，发生了一件不轻不重的案件。

曹雪芹的姑母曹佳氏是老平郡王纳尔苏的嫡福晋，她为纳尔苏生下了四个儿子：长子福彭，四子福秀，六子福静和七子福端。长子福彭已继任爵位，又入宫为皇四子弘历伴读，事务繁忙，虽然有心照拂表弟，却无暇分身，倒是六弟福静，同曹雪芹年纪相仿，两人十分谈得来，甚为交好。

曹雪芹和福静这两个小兄弟亦是如此，都还是少年心性，有酒一起喝，有钱一起花，大不了有罪也一起罚，虽然王府戒备森严，两人却也常常寻了空子出去玩乐。算起来，福静比曹雪芹还小上一些，更是好玩好乐血气方刚的年纪。

清雍正十一年（1733）十一月，北京城中亦是披霜吟雪的时月，整座帝都都染上了淡淡的霜色，可王府里并不见得冷，早早有人送来了好炭火，烟火不呛，却烧得融融的。那日，福静约了曹雪芹出门闲逛，逛着逛着两人遛到了廊房胡同那头，街上人声鼎沸，吆喝声声，一点不见冬日的萧瑟。福静突然记起，总是给阿玛纳尔苏鼓捣好些小玩意儿的沈四家里，又多了好些新鲜的，于是拉着曹雪芹跑到沈四家中。

两位小爷过来，沈四自然是忙不迭招呼起来，并连忙奉上好些新得的古玩出来给他们瞧，自然样样都是珍品。福静见惯了宝物，倒不觉得特别新奇，反倒是觑了表兄好几眼，只见他只是瞧着博古架上几样珍玩，沉思不语，目光却逐渐凝重起来，甚至有意无意地旁敲侧击沈四，这几样珍玩，是从哪里得到的。沈四毕恭毕敬地回答说，这是前江宁织造绥赫德拿来的。

回来之后，福静好奇地问起，曹雪芹眉目不展，神色郁郁，并不愿回答。在福静的追问之下，他方才透露，原来那几件珍玩竟然原是曹家的。曹家之物，在抄家之后，被赏赐给继任的江宁织造绥赫德，此时却出现在古董贩子沈四手中，自然十分蹊跷。而曹雪芹匆匆忙忙里忽然瞧见了家中旧物，已是勾起心中怅然，再细思其中缘由，到底能够猜测出七八分，自是郁卒。

福静一听，他素来喜欢这位表兄，此时打定主意要为表兄出头，于是转头便回去找了阿玛纳尔苏。三人商议之下，便将此事摸了个透。绥赫德当了织造后，没几年便被罢免了，原因是被查出织造银库中有亏空，继任的内务府郎中徐梦肱奉旨彻查，直至绥赫德填补完亏空为止。

而绥赫德罢职回京之后，已是七十多岁，自然不想着再出仕了，倒是将手中的空闲古玩变作现银来得划算。于是，他约了沈四到家中，变卖了几件从曹家带来的小玩意儿：一样是宝月瓶，一对洋漆小书桌，一个玉寿星，还有一个铜鼎。他没有想到的是，不过几天，这件事就被人发现了，而且又恰好是曹家人。

待得福彭下朝回来之后，父子三人一商议，便决定召来沈四。由纳尔苏出面，管沈四借着银子使使，沈四不过一个小商贩，哪来的银子，福静一语惊醒梦中人，只说那几件新到的小玩意儿。沈四方醒悟过来，明明白白地表示，那些都是从绥赫德手中收来的，如果王府缺钱用，自己倒是愿意带着六阿哥去绥赫德府中，要些银子过来。

于是，福静先后从绥赫德手中拿到了银子若干，古玩几件。未久，纳尔苏又命沈四带着福静去绥赫德家中，命绥赫德周转五千两银子到王府。绥赫德再迟钝，也不得不开始思考纳尔苏此举的用意。他思前想后，只能追溯到自己将几件古玩放到沈四那里，也就是从那件事情后，福静开始频频出现。

他往深处一想，立刻悚然出了一身汗——那几件珍玩，不正是从曹家带来的么？而曹家的长女，正是嫁给了老纳尔苏，而屡屡上门的福静，可不正是曹佳氏的亲生儿子么？这样一想，那什么都能够解释了。绥赫德知情识趣，在官场上混了多年的人精，哪能够不知道其中的小九九，于是赶快拿了五百多两银子，命儿子送到平郡王府上。过了年，又筹了三千三百两银子送到王府中。

这时候，背后的正主平郡王福彭这才出面，敲打绥赫德：此事就算到此打住了，如果你以后再敢废话，我就将你私自贩卖圣上赏赐的事情捅上去，到时候，看你能不能保住自己。福彭软硬兼施，绥赫德到底不敢再在此事上多嘴。而福彭也说到做到，此后再也没有派人来找绥赫德要钱要物。

这件事情，宛如雪落无痕，风过无声，就这样静静地湮灭在时光中。然而，福彭和曹雪芹都没有想到的是，几年后，这件本该消失的事情，却给福彭带来了一个不大不小的麻烦。这亦是皇帝对臣子的控制和敲打，虽然没有带来实质的伤害，却也给平郡王府上下带来一个不小的震惊。

普天之下，莫非王土，率土之滨，莫非王臣。明朝时，东西两厂的势力无孔不入，整个朝廷都生活在严密监控之下。而清朝，这种对大臣的控制虽然有所减轻，但皇帝对众臣的事情，依旧是了如指掌。当福彭还以为雍正对此事一无所知时，实际上，早有臣子将素无往来的平郡王府和绥赫德的往来默默地调查了个一清二楚，并且上报给雍正。

这件事，直到很久后才经由雍正的旨意传达给福彭。时年，四月，春深，日暖，雍正以平郡王福彭为军机大臣，入军机处当差，使其成为了大清开国以来最为年轻的军机大臣。福彭深以为恩，感激涕零，自是忠心耿耿。其后，八月，烈日，如火，福彭被任命为抚远大将军，率军开往西北，同准噶尔部开战。那一年，福彭不再仅仅是个深受帝王信任的王爷，还成为了手握实权的将军。兵权，在帝王家素来深被忌惮，但若是手握兵权，就算是皇帝，也不得不多了几分忌惮。

实际上，大清像福彭这样骁勇善战、谋略过人的将领并不在少数，然而雍正偏偏选中福彭来担此重任，显然是对福彭倍加信任。

然而，就是在这时候，福彭得知，当年平郡王府和绥赫德之间的银钱古董往来，已经被雍正知晓。他惴惴不安，唯恐这位生性多疑的帝王忽然之间翻了脸，雍正连自己的兄弟都能够逼迫至死，更何况自己只是一个小小的宗亲？

福彭带着心中的忐忑，默默地踏上了前往西北的路。风声萧瑟，卷起苍苍的旌旗，在漫天的黄沙中，宛如一曲葬歌。他的结局会怎样呢？他静静地祈求上苍，或许圣心慈悲，只严惩自己一人，与老父幼弟无尤。出人意料的是，雍正并没有细查此案，或许是因为这件事情的来龙去脉，雍正已经很清楚了，其实也不过是小事，但深知御人之术的帝王，总要以此来拿捏臣子。

清雍正十一年（1733）十月初七，已经抵达西北的福彭，收到了快马加鞭而来的君王旨意——雍正将绥赫德发配北路军台处效力，命他尽力办事，如有不力，便要就地正法。其实这按照雍正的心性来说，已经足够宽大仁厚，就连身涉其中的绥赫德本人，都没有受到过于严厉的惩罚，而此事从明面上来讲，雍正已经将它同平郡王府完全撇开来了。

虽然这件事的结局对于雍正来说，只是他小小的御人把戏，他还用得着福彭，所以恰当时候施以小恩小惠也无伤大雅，但是之于在前线拼命的福彭，便觉得皇恩浩荡，此生必当肝脑涂地方能报得此恩。

而成为此事缘由的那些古玩珍宝，最后究竟是还给曹雪芹，还是就此留在平郡王府，我们已是无法推测。或许，这些记载着一个家族的传奇和荣光的珍玩，曾落回到过曹雪芹的手中，然而，那温润通透的玉色和洁白澄净的瓷光，已经无法匹配此时的曹家。明珠蒙尘，唯有在识货的人眼中，明珠才能散发出骄傲的光芒，显然，这时候的曹雪芹，望着祖父遗留的古董，心中亦是一片沧桑。

当沧海变成桑田，当旧物尚在而人事已非，那种淡淡的悲伤，宛如影子一般，怎样都拂之不去。积年后，更加成熟稳重的曹雪芹想起此事，或许叹了口气，自己为何要生出这些事端呢？其实它们，本来也就不再属于自己，不再属于曹家。只偏偏心头一口气，看到了，就忍不得。总归是少年人。

少年往事匆匆，多年后想起，或许会赧然羞愧，然而，只愿青春无悔。

第三节 提笔：聚叶泼成千点墨

有人说，众多文体里，最难写的是诗歌。可实际上，最难写的并非诗歌，反倒是小说，当然，普通的三流小说自然不难写，可是要想写出第二部《红楼梦》来，确实是难上加难的。

《红楼梦》这部小说不仅仅是一部小说，亦是一部社会史，更是一部诗集，一部历史，它囊括的内容千千万万。不同学科的艺术家们都能从中发现不同的价值。关于文学、关于建筑、关于饮食、关于风俗……

所有的作家的成功，都不是一蹴而就的。纵使是托尔斯泰、雨果等文学巨匠，也不是一开始就走向光明的。所有的成功，都需要一步一步地积累，曹雪芹，亦是如此。他用整个生命，在累积着一段传奇。

《红楼梦》并不是曹雪芹的第一部作品，根据许多资料推断，曹雪芹曾有一部旧作，名叫《风月宝鉴》，《红楼梦》就是在这本书的基础上，脱胎换骨而来。这个名字，在《红楼梦》中，也屡屡被提及。在第一回中，就有这样的文字：空空道人因空见色，由色生情，传情入色，自色悟空，遂易名为情僧，改《石头记》为《情僧路》。东鲁孔梅溪则题曰《风月宝鉴》。

而在后文中，《风月宝鉴》则成了一个宝物，在其中，能够看到人心的欲望，若顺从它，就可以在虚幻世界里，获得最圆满的满足，为此，有人付出了生命的代价。

至于这本书的创作动机和由来，我们只能探寻着曹雪芹的生命历程，细细追溯和回顾。清雍正十一年（1733），当时被家中安排在平郡王府中行走的曹雪芹，因为老平郡王获罪被幽禁于府中，所以老平郡王对这位外甥采取了另外一个安置方式，他将曹雪芹安排到寿安山去管理皇帝行宫。

这是一桩极清静、悠闲的差事。曹雪芹亦是喜欢这样的安排。寿安山行宫，原是一座积年风霜的古寺，始建于唐朝初年。相传是唐太宗远征高丽，归途中路过幽州，为祭奠死去的英灵，决意在城内城外各自建一座寺庙。城中的那一座，便是后来的法源寺，城外的当时叫作窦率寺，后来改名成了永安寺。

岁月见长，这座古寺到了清朝，已略见荒草，多有破败。清雍正八年（1730），怡亲王允祥自己出资修缮永安寺，这个工程，在怡亲王去世后，由他的儿子接替，终于在清雍正十二年（1734）时完成了整个工程，自此，永安寺变成了怡亲王府的家庙。而寺庙西侧的行宫，则成了雍正的行宫。

永安寺内供奉着一座卧佛，檀香木所制，据说是当年玄奘西行时从天竺带回，供奉在此，因此，永安寺又叫卧佛寺。古寺幽幽，禅房清雅，在意味悠长的钟声里，燃起一炷佛缘深厚的香。暮鼓晨钟，花木深深，每当漫步在云雾缭绕的晨间，曹雪芹总是觉得，世间竟然有如此美好的所在，还有这样一个地方，能让自己忘却俗世，抛弃烦恼，只需静静地，徜徉在风和日丽中。

创作是需要安静的。如同只有在夜深人静时分，感受到喧闹时刻无法感知的细微心悸；也只有在宁静时节，一颗心，才能得到真正的释放，才会知道心里真正的追寻。或许，曹雪芹就是在这个特殊的时刻，发现了自己发自内心的涌动。

在《红楼梦》第五十四回"史太君破陈腐旧套，王熙凤效戏彩斑衣"中，他写下了这样一段话：贾母笑道："这些书都是一个套子，左不过是些佳人才子，最没趣儿。把人家女儿说的那样坏，还说是佳人，编的连影儿也没有了。开口都是书香门第，父亲不是尚书就是宰相，生一个小姐必是爱如珍宝。这小姐必是通文知礼，无所不晓，竟是个绝代佳人。只一见了一个清俊的男人，不管是亲是友，便想起终身大事来，父母也忘了，书礼也忘了，鬼不成鬼，贼不成贼，那一点儿是佳人？便是满腹文章，做出这些事来，也算不得是佳人了。比如男人满腹文章去作贼，难道那王法就说他是才子，就不入贼情一案不成？可知那编书的是自己塞了自己的嘴。再者，既说是世宦书香大家小姐都知礼读书，连夫人都知书识礼，便是告老还家，自然这样大家人口不少，奶母丫鬟伏侍小姐的人也不少，怎么这些书上，凡有这样的事，就只小姐和紧跟的一个丫鬟？你们白想想，那些人都是管什么的，可是前言不答后语？"众人听了，都笑说："老太太这一说，是谎都批出来了。"贾母笑道："这有个原故：编这样书的，有一等妒人家富贵，或有求不遂心，所以编出来污秽人家。再一等，他自己看了这些书看魔了，他也想一个佳人，所以编了出来取乐。何尝他知道那世宦读书家的道理！别说他那书上那些世宦书礼大家,如今眼下真的,拿我们这中等人家说起,也没有这样的事,别说是那些大家子……"

任谁都看得出来,这是曹雪芹在借着贾母之口,在《红楼梦》中阐述自己的小说观。确实,明清小说虽然泛滥成灾,但其中的精品却并不多,甚至是寥寥无几,在文坛上,充斥着许多滥竽充数的跟风之作,鱼目混珠,阿谀奉承,只求取悦读者,不求警醒世人。

唐诗、宋词、元曲,时至明清,小说跃然而起。在多如牛毛的小说中,此时,四大名著中《水浒传》、《三国演义》、《西游记》被奉为经典,这三者,分别代表了三种类型的小说:农民小说、历史小说和传说式小说。恰恰少了一种"红粉"小说,在《红楼梦》之前,明人兰陵笑笑生的《金瓶梅》,恰好弥补了这个苍白。曹雪芹亦是《金瓶梅》的忠实粉丝,他非常欣赏这部小说——虽然写的是风月之事,笑的却是黑暗社会。这种风格,显然给他的《红楼梦》带来了极大的影响。

汪曾祺先生曾说,写作分为三个阶段,这三个阶段中,第一个阶段就是模仿,之后方能逐渐形成自己的风格,最后脱胎换骨,不论写什么,都能有自己鲜明的个人风格。其实写作不外乎如是,每个人的创作,都是从模仿他人开始的。《金瓶梅》和曹雪芹,诚然是关系匪浅,但我们也不得不承认,他是青出于蓝,而胜于蓝了。

他自幼饱读诗书,祖父曹寅不仅留给他满屋的书香,亦留给他舞文弄墨的天赋。回到京城,作为全国繁华之最的城市,书籍更是荟萃大观,曹雪芹得到了阅遍群书的机会。等到了永安寺,这种清净幽雅的佛香之地,更适合他细心品味每一缕书香。他潜心感悟,更是有了自己的独特见解,不流俗,不媚众,不为附和而附和,这才是文人所具有的气骨。

在清幽的永安寺里，曹雪芹初试牛刀，决定开始写自己的第一部小说作品：《风月宝鉴》。这是一部类似于《金瓶梅》的作品，同时，这也可以说是《红楼梦》的雏形，其中的许多片段，后来被润色修改后，成为了《红楼梦》中的精彩之处。《风月宝鉴》同《金瓶梅》关系匪浅，与万寿山亦是息息相关。

曹雪芹领的是一份闲差，日子悠闲，他的住所，在行宫西面，门前有三棵老槐树，树叶层叠茂密，只微微漏下几缕阳光，而最东面的老槐树，形状怪异，曲曲盘旋，如同一条随时准备飞天而去的卧龙。在他的居所不远处，便是佛香缭绕的永安寺，还有一座美丽清幽的山谷，因为常年生长着野生的樱桃树，每到樱桃成熟季节，就结出许多樱桃，因此被附近的百姓叫作樱桃沟。

闲暇时分，这里的人们，经常能够看到一个白衫的年轻人，握着一卷泛黄的书，静静地徜徉在脉脉余晖里。他眉目舒展，仿佛有缕轻轻的笑意弥漫其中，只是看着他的身影，便能够感受到他周身格外轻快畅意的气息。

他时常一个人漫步在溪涧，水光山色如诗如画，倒映在他清澈的眼中，宛如一阕山水词。在樱桃沟中，他发现了一块奇怪的大石头：它横卧在溪水里，被两端石柱撑住，于是便有了一方石洞，虽然不大，躺进去两三个人，倒也还算宽敞。

曹雪芹怀着好奇心，握住长衫一角，探身进去瞧了瞧。还真是个好地方，荫凉、明净，一边还有一个不知道什么时候形成的小洞，恰好盛了一泓天光水色，使得整座石洞里明亮亮的，如同一个小小的神仙洞府。这块石头，被当地人叫作元宝石。

而在溪流中，还有一种黑色的小石头，乌黑如墨，被叫作黛石。这些小石子，被温柔的水流积年冲洗，格外圆润光滑，在水中浸泡久了，便会软化，女子们便拿来画眉，而风雅的墨客们，多用来作画。曹雪芹也曾捡过一些，他不仅能诗，亦能够画出非凡的丹青画作。

除了樱桃，樱桃沟中还盛产各种药材，附近的农人常有采摘药材，晾干出售，用以贴补家用的。曹雪芹在樱桃沟中见过一种灵芝，灵芝本来就是补气益血的上好药品，而这种灵芝，更是少见的紫灵芝。曹雪芹出身富贵，灵芝见得多了，可紫灵芝，却也是最难得不过的。

这个地方，仿佛是洞集了天地之间的灵气，钟灵毓秀，宛如神仙府邸。那时，曹雪芹还是个血气方刚的少年，无意之中，他将这里所有的美好，铭记在心底。而我们不难发现，永安寺、樱桃沟，同《红楼梦》中的开篇是何其相似：西方灵河岸上，三生石畔，有绛珠草一株，时有赤霞宫神瑛侍者，日以甘露灌溉，这绛珠草便得久延岁月……那绛珠仙子道："他是甘露之惠，我并无此水可还，他既下世为人，我也去下世为人，但把我一生所有的泪还他，也偿还过他了……"

三世因缘，千年纠葛，就此徐徐展开。俗世里，宝玉遇上了黛玉，心里恍恍惚惚想着：这个妹妹，好生眼熟，莫不是，哪里曾见过？哪里曾见过呢？分明是千年的时光，相依相伴，亦不管春秋萎落。

这场盛大的悲欢离合，诞生于寿安山的永安寺外，那里风景如画，烟雾缭绕如梦，恍如九天云霄。曹雪芹提笔，萦萦绕绕里，只念起那片明山秀水，他的黛玉，他的顽石，只应该是出自那里。天地之大，还有何处，承载过他的青葱岁月，陪着他度过那段最洁净美好的时光呢？也只有那一处了。

所以,也只有那里,当得起他故事的源头,承受得起成为《红楼梦》中最浩瀚广博之地的名。

第六章

成长经历：更哪堪梦里功名

第一节 新政：沉酣一梦终须醒

清雍正十三年（1735）八月二十三日，病情忽然恶化的皇帝，驾崩于圆明园寝宫之中。继位的是皇四子弘历。

九月初三，残夏依稀，隐约的蝉鸣从茂密的绿叶中飘荡而出，荷花已经流露出细微的颓败，然而花香依旧浓郁，远远望去，依旧一片碧海花梦。宝亲王弘历，于紫禁城太和殿即位，以次年为乾隆元年，并颁布了《恩诏》二十六款。其中有这样两条：

一：各省民欠钱粮，系十年以上者，着该部查明具奏，候旨豁免。

二：八旗及总管内务府五旗包衣佐领等内，凡应追取之侵贪挪移款项，倘本人确实家产已尽，着查明宽免。再，轮赔、代赔、着赔者，亦着一概宽免。

当崇文门外的曹家得知这个消息时，无疑是欢天喜地感恩戴德的，这意味着曹家从此就能够洗脱"亏空"的罪名，从负罪之身，完完整整地回到良民的身份。而被羁押的顶梁柱曹頫，亦是能够洗脱罪名，重获自由身。

十月二十一日，决定宽厚待天下的乾隆帝，再次下旨令：着将此次查奏之分赔、代赔、着赔等案，俱予宽免。应向民人追取之案，亦着一并宽免。这道圣旨，明明白白地将皇帝的旨意传达给百姓们，不仅仅是有所亏空的八旗子弟或是官家，都能够洗脱过往"罪孽"，就连向国家借了钱的百姓，也能够得到宽免。

于是，举国一片欢呼。在倾国的笑颜中，乾隆的皇位就此得到了稳固，天下长治久安，不再会有人想着犯上作乱——帝王的目的，便是在此。

百姓的拥戴自然重要，群臣的心服口服亦是十分要紧。乾隆派庄亲王、和亲王等人彻查案情，并且开出了一个"汉文单"，在这里，便出现了曹頫的名字：原任员外郎曹頫名下分赔银四百四十三两二钱，交过银一百四十一两，尚未完银三百二两二钱。而皇帝的批文如是：着俱宽免。意思就是，过往的一切都已经既往不咎，过去的就过去吧，凡事还是往前看的好。

时间很快到了清乾隆元年（1736），被羁押了好多年的曹頫终于回到了阔别的家中，这个家，不再是当年金尊玉贵的模样，围绕着主子们的已不再是成群的仆婢，可是这个相对简陋的家里，却自抄家后，第一次发出了源自内心的笑声。是的，一切都已经过去了，家中的主心骨也回来了，到底能够安心了。

那时，曹雪芹已经是一个不折不扣的青年了，他脱去了稚气的天真，很有几分饱经世事后的成熟模样，但眼里的依恋欢喜不假，虽然流露得并不明显，可对于多年不见的父亲，他依旧是为父亲的归来，感到格外地高兴。

清代的裕瑞曾在《枣窗闲笔》中描摹过此时的曹雪芹："其人身胖头广而色黑，善谈吐，风雅游戏，触境生春，闻其奇谈，娓娓然令人终日不倦，是以其书绝妙尽致。"

出人意料，曹雪芹并不是一个清瘦的年轻人，生得也并不美。他没有如玉的容颜，亦没有清瘦的身段，仿佛曹雪芹这个名字，并不适合他。然而，他有幽默机敏的谈吐，行为风雅，出口成章，跟这样的人相处，实在是令人如沐春风。这样未尝不好，能够令人愉悦的人，实际上都是本事不小。他用他的风采，他的气度，他的满腹才华，征服了他的朋友们，亦用他的绝世才华，以一部《红楼梦》，征服了整个世界。

那时的曹家，度过了一段真正开心快活的时光。虽然还清贫，还追忆着往昔的荣华，可到底有希望。有希望的人，心底总是快活的。他没空惦记着人生的各种凄凉，看不见世间冰冷的黑暗，他的心中，是一团烈火，熊熊燃烧的烈火，将这个叫作心的熔炉，烧得一片温暖和火热。

曹頫正当壮年，又脱去戴罪之身，前途尚好；曹雪芹冰雪聪敏，不论是书还是剑样样都能拿能放，岂不是比他的父亲还要更有光明的前途？何况，前几天郡王府，又传来了大阿哥受了重用的消息，王府的大阿哥福彭可不是个没良心的，他心里很是牵挂舅家，如今形势好了，好日子怎么还会远呢？

乾隆登基后，伴读了他六年的同窗福彭即刻被召回京城，协办总理事务处。那是在国丧期间等同于军机处的最高权力中心。弘历与福彭的感情非同一般，这位年长他几岁的朋友在他眼中宛如一位兄长，深受他的信任。到了清乾隆元年（1736）三月，弘历亲自下旨，任命平郡王福彭管理正白旗满洲都统事务，他倚重信任的臣子并不多，唯有福彭，他可以放心，这是两人多年的情分。

乾隆的新政，修正了雍正诸多极端的错误，他以宽厚和仁义，安稳了天下，赢得了交口的夸赞。在清乾隆初期，他确实是一个有理想、有抱负，又愿意做些实事的好皇帝。于是，大清在乾隆的统治下，达到了最高的盛世，人人安康，海晏河清。

然而我们明明知道尾章的清冷，深知故事最终的冷冷模样，却依旧愿意让这个好梦再长一点，让这个挂着夜空的月再远一些，让那个最后忧郁成疾的年轻人此时此刻再快活一些。因为知道快活并不长，所以祈祷快活一辈子都不要结束。只是难免黑白的轮回，再深的祈祷，也无法挽回曹家的颓败，再美满的月色，亦无法解开曹雪芹此后积郁的眉间。

坎坷萧条，风雨萧瑟，那是属于他的宿命。沉醉一场，痛快一时，终究也要穿过欲裂的痛楚，在薄薄的日光里，含着泪凄然醒来。

第二节 侍卫：谁信世间有此境

清代的文艺评论家二知道人曾这样评说《红楼梦》："大观园之结构，即曹雪芹胸中丘壑也。壮年吞之一胸，老去吐之于笔耳。吾闻雪芹，缙绅裔也，使富侔崇、恺，何难开拓其悼红轩，叠石为轩，凿池引水，以供朋友伎游憩哉？惜乎其绘诸纸上，为亡是公之名园也。曹雪芹所记大观园，恍然一五柳先生所记桃花源也。"

在二知道人的评论中，将曹雪芹笔下的大观园同陶渊明的桃花源相提并论，这已经是一个非常高的评价。在历代士子的心中，桃花源已不仅仅是一个美丽神秘的地方，更多的是记载着他们的理想，超凡于世的追寻。而曹雪芹的大观园，虽然在精神寄托方面，无法同挑花园共效于飞，然而，它依旧深入人心。

二知道人显然是一位成熟的评论家，他认为曹雪芹能够写出大观园，同他的生活经历不无关系，只有出身豪绅家庭的子弟，才能够有这样的见识，写出美丽得宛如九霄天宫的大观园。这确实如此，然而，在曹雪芹短暂的生涯当中，不仅仅是幼时的豪门生活，为他的笔下富贵奠定了基础，而成年后，他的侍卫经历，同样成为了他笔下的画龙点睛之笔。

清乾隆五年（1740），二月，料峭的寒风还没有逐渐淡去，不知畏寒的蜡梅俏立在冷流中，令人不由自主地要惦念起柔软的春风。平郡王府中，宛如这个寒冷的冬日一样，沉浸在一片冷冷的月色中。平郡王福彭，刚刚向皇帝递交了辞呈，多年的疲惫使得原本康健的身体，已经一年不如一年，加之帝王之意难测，这次估计是要借庄亲王之案将宗亲们驱出政坛了。在权力中心中混迹了多年的福彭，这次也难以再支撑下去，以养病之名，上交了休假的折子。

作为对这位忠心耿耿的臣子的弥补，乾隆决定将福彭的幼弟福静选入宫中，充当侍卫。大内侍卫的选拔十分严格，首先是出身，必须是上三旗中的子弟，镶黄旗、正黄旗和正白旗，如果不是这三旗子弟，除非格外优秀，可以擢升至上三旗行走。其次，要艺高胆大，武艺过人，这是非常重要的一点。大清以武开国，因此，许多勋贵人家虽然在太平年间，也没有忘记祖先的遗训和对子弟们的鞭策。

侍卫又分好几等，有领侍卫内大臣六人，是正一品，其次又有内大臣、散佚大臣、一等侍卫、二等侍卫、三等侍卫和蓝翎侍卫。且不说正一品的内大臣，即使只是一个小小的三等侍卫，也有正五品的官衔，同知州等级，每年有八十两白银，以及四十石米的俸禄，待遇十分不错。作为官宦人家，有子弟在宫中行走，亦是一件足以扬眉吐气的幸事。

在各种侍卫中，皇帝又选出其中特别优秀或是勋贵子弟，在御前行走，或为御前侍卫，或为乾清门侍卫，负责日夜保卫皇帝的安全。

随着福静的入宫，作为平郡王的表弟，曹雪芹也开始在宫中行走。当他穿上侍卫制服，走进巍峨庄严的宫门时，或许曾抬起头，仰望这片天空。其实深宫里的天空，同宫外的并没有什么不同，一样的蔚蓝，一样的一望无际，可就是有无数人，前仆后继，向往着在这片天空下的生活，怀着形形色色的梦想，无知又无畏。

他的曾祖曹玺，就曾行走在这片天空下，穿着跟他此时一样的制服，神色凛然，眼神里有大无畏的坚持。他的曾祖，有着单纯而壮烈的梦想，一心只守护着龙椅上的天子，他的忠心和勇敢，使他得到了惊人的成功——那是曹家发迹的正式开始。说起来，也并不遥远。曹家的子弟，大多都是侍卫出身，从曹玺开始，曹寅、曹宜等曹家人，都有过当侍卫的经历。而作为曹家子弟，曹雪芹自幼便是往这方面培养的，他能断文识字吟诗作画，亦能够舞刀弄剑引弓射箭。清代有位诗人张宜泉就这样赞叹曹雪芹的剑法：琴裹坏囊声漠漠，剑横破匣影茫茫。可见，曹雪芹的剑法是相当不错的。

文武双全的曹雪芹能够成为侍卫，其实也不足为奇。

可承担着天下第一要紧人的安全工作的侍卫们，仿佛有着无上荣光，实际上却十分辛苦。太阳出来之前，他们就要入宫值班，每隔六天就要轮值一次夜班，不管皇帝是出巡还是狩猎，侍卫们必须身先士卒随侍左右，不能分神片刻。虽然辛苦，可是心怀梦想的侍卫们并不觉得严酷，历来如此，多少权臣都是从侍卫开始，一步一步走上青云。可这不是曹雪芹的梦想，入宫当侍卫，或许只是曹家的一个心愿，于是求了福彭，无论如何都使曹雪芹当上了侍卫。可是，曹家梦想成真，曹雪芹却并不快乐。

多少个茫茫的深夜，曹雪芹扬起脸，望着洁净的明月时，他淡褐色的双眸里，浮现出了深深的迷惘。霜一样的月色流淌在他坚毅的脸庞，像是一刀一刀细心地雕刻，雕刻出他的茫然和忧伤。只有他自己知道，他的心，并不在这里。他知道心在何方，只是不知晓，出路在何处。

淡淡的夜风吹来御花园的幽香，夹杂着后宫柔软温暖的脂粉香，这是天底下最令人神往的地方。他这样告诉自己，可心底有个声音执拗如魔，它细声细气地说着：他人的蜜糖，是你的砒霜！你的蜜糖，永远无法在这片被幽囚的天空下寻获。其实，这个道理，他自己也知道。

虽然并不快乐，但这段侍卫生涯，依旧给曹雪芹带来了意想不到的收获。他的人生经验，在这里得以积累，而他的梦，也正因为这段经历，更加充实和圆满。多年后一灯如豆，浅光如小酌，他执笔挥毫，在静默的灯影下回忆起华丽的宫室，记忆里开满了葳蕤的鲜花，任由他恣意采摘——那才是这段人生给予他最珍贵的财富。不论是之于《红楼梦》，抑或是之于梦里的大观园。

《红楼梦》第十八回元妃省亲一章中写到盛大的省亲场景，这其中有曹雪芹从长辈口中听说的自家接驾的影子，也有自己在宫中亲身的见闻——作为侍卫，是要随同皇帝出行的，这种阵仗，身为侍卫的曹雪芹见识的想必是不少。皇室的礼节，他亦是能够如数家珍倒背如流。这对于《红楼梦》中行文的严谨、真实，产生了很大的影响。

且说贾妃在轿内看此园内外如此豪华，因默默叹息奢华浪费。忽又见执拂太监跪请登舟，贾妃乃下舆。只见清流一带，势如游龙，两边石栏上，皆系水晶玻璃各色风灯，点的如银花雪浪；上面柳杏诸树虽无花叶，然皆用通草绸绫纸绢依势作成，粘于枝上的，每一株悬灯数盏；更兼池中荷荇凫鹭之属，亦皆系螺蚌羽毛之类作就的。诸灯上下争辉，真系玻璃世界，珠宝乾坤。船上亦系各种精致盆景诸灯，珠帘绣幔，桂楫兰桡，自不必说。已而入一石港，港上一面匾灯，明现着"蓼汀花溆"四字……一时，舟临内岸，复弃舟上舆，便见琳宫绰约，桂殿巍峨。石牌坊上明显"天仙宝境"四字，贾妃忙命换"省亲别墅"四字。于是进入行宫。但见庭燎烧空，香屑布地，火树琪花，金窗玉槛。

说不尽帘卷虾须，毯铺鱼獭，鼎飘麝脑之香，屏列雉尾之扇……

这段文字，当真是宛如繁花锦绣，此中的大观园，也应该是此园只应天上有，人间能得几回看了。

大观园中的亭台楼阁、湖光山色之美，既有北方皇家园林的浩然大气，又兼有南方园林的流水温柔。显然，这是曹雪芹糅合了幼时居所和皇家园林，自己创造出的一个璀璨世界。在这个世界里，他是唯一的君王，肆意纵横的主人，他的笔，使得这个传奇的世界，更加光辉耀眼了。

所以说，曹雪芹能够写出《红楼梦》中的内监风情，又能够描摹出一个如此盛大华美的庭院，这同他的侍卫生涯显然是脱不开关系的。在凝重悠远的北京城中，有着许多皇家园林。畅春园、圆明园、清漪园等秀美多姿的园林，都修建在西山的海淀，这里明山秀水，处处白鹭掠水，惊起点点流光的涟漪，美得令人做梦都要叹息。而出于乾隆时常往圆明园处居住，作为侍卫的曹雪芹也时常前往海淀，流连于一片清翠绿郁间。

当年正是好风景，江山如画，烟月如钩，他身披清风，徜徉在静好的庭院中，远处有流水淅沥而过，碎微却俏皮；近处是笼罩在深深烟雾中的睡莲，静谧而旖旎。他毕竟不同于常人，常人只感叹月色姣好，皇家的富贵年年，他却在心底，已经将这片盛世繁华牢记，或许此时的曹雪芹，亦不知道自己为何会如此，可他依旧还是那样做了，并不在意，是否会有结果。如若世间的一切都要寻根问底，或许，朦胧这个词，也没有产生的因缘了。

第三节 风月：何处秋窗无雨声

提及风月，难免要令人想起花前月下，风花雪月，仿佛只有这些尽够美好的词汇，才能圆转一场情爱的欢乐。这情海的结局未必圆满，可片刻的耳鬓厮磨温柔细语，多年后悄然回味，便已经觉得人间七情六欲已尝了个遍。

古来写风月写得好的人不算少，从《诗经》的《蒹葭》、《关雎》开始，到唐时义山的"一寸相思一寸灰"，读来字字都滚烫地熨帖于心。可写得最深入人心的，只能是曹雪芹。

二十余岁的曹雪芹，相貌并不出众，可他学富五车，琴棋书画无一不精，就算是偏冷门的医卜星象，亦是手到擒来。能有这样一位朋友，显然是十分快乐的事情。他生活在最奢华的帝都，差事又空闲，闲暇时分的游玩之地可想而知，八旗纨绔常溜达的地方他也倒背如流，他们酷爱的遛鸟逛戏院到处寻花问柳，曹雪芹也相当熟谙。

唯独不同的是，这些玩乐之事，虽然曹雪芹同样擅长，可他的心，依旧在文学上面。他和寻常的纨绔子弟不同，他钟情的是读书，热爱的是思考。因此，热衷于这两样事业的曹雪芹，有着自己对"风月"二字的独特见解。

曹雪芹出生在一个程朱理学被高度崇敬的年代，这种思想极大程度上束缚了人们的思想和欲望。而一个活生生的人，倘若没有属于自己的思想和追求，那这种人生是惨淡的、凄凉的、苍白的。统治者们，却恰恰希望自己所有的民众，都是这样的行尸走肉。因此，在"存天理，灭人欲"的程朱理学控制下，千年来，出现了许多忠臣烈士，亦造就了无数贞洁烈妇，可《诗经》里赤裸裸的真心和唐时鲜艳的真情，却仿佛一捧细微的沙砾，飘散在恍惚的风中。

也正是在这时候，许多有良知有独立思维的学者纷纭而出：李贽、顾炎武、黄宗羲……他们的思想在社会上广泛流传，他们针对天理和人欲，提出了"情"。人之所以为人，正是因为有情。天地有情，人间有爱，只有这样的俗世，才俗得真诚又可爱。终归人不过一介凡夫俗子，拼命地抑制着自己的真性情，无非酿成人格的扭曲和人生的悲剧罢了。

这种观念，早在明末时便有人提出，洪升的《长生殿》，亦是借着唐明皇和杨贵妃的传奇爱情，歌颂了这种生死相依两情相悦的爱情。而到了清朝，又出现了一位以情动人的戏曲家——李渔。

李渔的作品在当时堪称红遍大江南北，人人都能唱上几句。而他本人，亦是能写能作能唱能演的风流才子，他逍遥不羁，冒天下之大不韪自称"情痴反正道人"，他所有的作品，都围绕"情"之一字，闪烁着动人的情意。

李渔其人，以及为他的书作序的杜浚，这两个人同曹家都有过或深或浅的交往。曹寅酷爱文学，而李渔作为当时的大才子，两人或许也曾英雄惜英雄，惺惺相惜。因此，曹寅的书房中，珍藏了李渔的所有作品，而幼时的曹雪芹，就曾在茫茫书海中，翻阅这些如同瑰宝的文字——那是另外一个神秘而迷人的世界，他第一次知道，原来人还可以这样为人，情不知所起，一往而深，就此抛弃一切，也要圆满心中那份情爱。

这种观念，深深地影响了曹雪芹。而多年后，在人生中摸爬滚打了许久的曹雪芹，亦是深深憎恨着束缚了人们灵魂的封建教条，他们要他灭人欲，他偏偏想要纵容这种欲望。

这种欲望的具体体现，就从容鲜明地出现在他的《红楼梦》中。

历来几个风流人物，不过传其大概以及诗词篇章而已，至家庭规格中一饮一食，总未述记。再者，大半风月故事，不过偷香窃玉，暗约私奔而已，并不曾将儿女真情发泄一二。想这一干人入世，其情痴色鬼，贤愚不肖者，悉与前人传述不同矣。

这是《红楼梦》中第一回"甄士隐梦幻识通灵，贾雨村风尘怀闺秀"中，茫茫大士说的一段话。正是茫茫大士和渺渺真人这两位得道之人，在顽石边的高谈阔论，使得顽石也动了凡心。这段话看起来仿佛多余，实际上却是全书的"题眼"。将儿女真情发泄一二，正是曹雪芹立书的本意。

他见过太多被禁锢的真情，也看过太多的悲剧，这一切的源头，很多时候，无非是一个情字。两情若是久长时，可若是情还未生，就被悄然掐灭在懵懂时，又何来的长久？他泼墨、挥毫，挥就一卷风月，泼成一世迷情。这个淡然而沉重的字，便是他八十回《红楼梦》的心脏。

脂砚斋亦是评书曰："以顽石草木为偶，实历尽风月波澜，尝遍情缘滋味，至无可如何，始结此木石因果，以泄胸中抑郁。"这位好友是如此地了解曹雪芹，知道他心中的所思所想，以至多年来，始终有不少人认定，评书的脂砚斋，便是曹雪芹本人。然而，或许有一个瞬间，连曹雪芹自己都无法如脂砚斋那般了解自己，洞悉自己心头每个意念的飘忽流转。

是的，他立书的目的，无非就是要堂堂正正地写一段情，一段真情，一段天上地下都罕见的真情。他们心意相通，他们深知对方每一个眼波的延伸，他们彼此爱慕，是天生的佳偶。曹雪芹就是要镌刻下这样一段风月，这个缠绵动人的故事里，他笔下的男女主人公们如同世间任何一对热恋的小儿女一样，时而胡搅蛮缠，时而又如胶似漆，可总归他们的心里，彼此都再容不下其他人。他们的心，是一座小小的城，城里只能盛下彼此的眼神。

那时的才子佳人小说虽然多，可是正如同贾母所说的，故事里一定有一个清秀达理的佳人，出身名门，是真正的大家闺秀；然而，她总是要碰上一个英俊公子或是书生，两情相悦之下，顿时海誓山盟，自幼熏陶的三从四德女子贞节，却被抛到了九霄云外，一心想着如何长相厮守。可哪里有这样的大家闺秀？哪个出身朱门的千金小姐不是身在闺中，大门不出，二门不迈的，身后还跟着莺莺燕燕般的婢女，哪里碰得上俊秀的书生或英武的将军？

到底只是一厢情愿。

这固然是曹雪芹对于当时泛滥成灾的佳人小说的一种暗讽，亦是否定了那种背弃道德礼节、一旦陷入情海就浑然不管不顾的人生。爱是要坦坦荡荡堂堂正正，可这并不意味着能够以爱之名，去违逆做人的底线。

尘世中多少富贵之家，那些绿窗风月，绣阁烟霞，皆被淫污纨绔与那些流荡女子悉皆玷辱。更可恨者，自古来多少轻薄浪子，皆以"好色不淫"为饰，又以"情而不淫"作案，此皆饰非掩丑之语也。好色即淫，知情更淫。是以巫山之会，云雨之欢，皆由既悦其色，复恋其情所致也。吾所爱汝者，乃天下古今第一淫人也。

　　这段话，出自第五回"游幻境指迷十二钗，饮仙醪曲演红楼梦"。警幻仙子引着宝玉看完了十二钗的人生，又对宝玉说了这段话。曹雪芹在此间，借着警幻仙子之口，批判了俗世那种"好色不淫"的观念。他以为，不论是好色不淫还是情而不淫，实际上都是一种道貌岸然的借口。反而是那种毫不掩饰自己心中炽热的情感，任由这种赤裸裸的感情喷薄而出的人，更值得曹雪芹赞赏。

　　或许，如果曹雪芹生在当下，他会是"真性情"的忠实拥护者。他憎恶一切维系虚伪傲岸面孔的工具，还不如干干脆脆明明白白，敢爱敢恨，爱得光明正大，恨也要恨得痛痛快快，绝不虚伪做作。可这样的人，到底寥寥无几，不管是往昔，还是被认为已经开放得过了头的当代。

　　并没有多少人，可以不顾一切地将心中的爱恨付之于口，也没有多少人，能够放弃一切只愿意换取一段赤忱的爱恋。欲望、自尊、情绪，有太多太多的身外之物，阻碍着真正的心意。我们总是无时无刻地在权衡和犹疑，总是想要选出一个最有利于自己的方案。看，世事就是这样残酷，我们就是这样日复一日地戴着厚厚的面具，掩藏最鄙薄的眼神和最真心的笑容。

　　唯有宝玉。诞生在曹雪芹笔尖的宝玉。他违背了整个世界，只为追寻那个冰清玉洁的身影。他敢放弃，敢痛快淋漓地告白和鄙视，他忠实地活在自己的心里，不管不顾，也不离不弃。这和背弃了整个家族，最终走上写小说这条路的曹雪芹，又何尝没有相似之处呢？

第七章

追随本心：万缕千丝终不改

第一节 宗学：心头无喜亦无悲

　　许多人，总是对校园有着难解的情结。日落黄昏，淡淡的光均匀地抹在那棵老银杏树上，天边晚霞如画，绚烂了整个青春。而青春里，总逃不开校园的影子。

　　犹记得当年，还在学校里，做一名无忧的少年，其实并不是真的无忧，也担心作业不会写，成绩不够好，心仪的异性永远都不会关注自己。一点一点，就觉得有三千烦恼丝，何况总有那么些讨人厌的科目和老师，当真觉得度日如年，恨不能早早逃离，过自由自在的生活，天地之大，随意漂泊。

　　很久之后，才了悟，当年逃离的，其实是这一辈子永远也回不去的校园，一生也无法重返的纯净。

　　可生命总是一个不断轮回的过程，总是不断有学生憎恶着这片天堂，随着时间流逝，终于逃开去，他们欢呼激昂地奔向远方，可总有一天，他们会回过头来，双眼满含泪水，而此时，想要逃离的，又是另外一批蠢蠢欲动的孩童。

　　宝玉也不喜欢学校，那时候的学校，叫作私塾或是学堂。每次上学，宝玉都要同他的林妹妹宝姐姐依依惜别一番，林妹妹生性高洁，也不爱私塾，从不劝宝玉求取功名。宝姐姐不如林妹妹目下无尘，倒是经常要劝宝玉好好读书，这未免就遭到了宝玉的憎恶。

许多人都将上学等同于读书，于是一知半解，以为宝玉并不爱读书，可实际上，宝玉只是不喜欢读私塾里令人乏味的《四书》、《五经》，他钟情于《西厢记》、《牡丹亭》等闲书，这样的情节设置，除了是塑造人物形象所必须之外，更多的还是凝聚着曹雪芹对于封建教育的看法——以"礼义廉耻"为中心的封建教化，是比不上那些至情至性的文字的。在仕途经济上，就是要用这些书，将人进行一番洗脑，变成一个忠义无双的好臣民。

曹雪芹并不是无法成为那样的人，他也曾读过那些教化用书，也曾十年寒窗雨茫茫，考过秀才中过举人，然而，最终他并未出仕，甚至并未成为任何一位权臣手下的幕僚。至于功名利禄，他如看破红尘，早早就将它抛却凡尘外，只身而去。不是谁都能够成为曹雪芹，在勇气上，便可见一斑。

高唱"天子呼来不上船"的李太白，也曾出入长安一支妙笔讨玄宗的欢心；写过"永忆江湖归白发，欲回天地入扁舟"这样逍遥快意的句子的李义山，终其一生都在为功名和生计碌碌奔走；同曹雪芹在同一个时代的蒲松龄，若是光看《聊斋》，只以为聊斋先生一颗心里，只存得下世外的狐仙野鬼，哪里看得出，他亦是匆匆忙忙里，为凡世名利，华发早生，心力交瘁。

然而，身为看客的我们，再觉得可惜，也终归是他们的抉择，命运的决定。可总要轻叹一声，还不如如曹雪芹一般，早早地就弃了功名而去，虽然必须忍受清贫与孤寒，可心到底是自由的，再也没有异样的目光，自四面八方而来，也没有家族堆积的希冀和厚望，压抑得他连呼吸都觉得痛苦。

可他终究亦是从那样的痛苦煎熬里逐渐走出的，因着岁月流淌，灵魂逐渐成熟，才能拥有抛却的勇气。

  他的幼年时光，如同所有富家子弟一样，是在私塾中度过的。曹家被抄家时他还年幼，不过五岁光景，一夕之间，树倒猢狲散，富贵如烟云。可幸好，雍正还未曾赶尽杀绝，还留了曹家在京城的少部分房子和家奴，俗话说"瘦死的骆驼比马大"，尽管经历了抄家的灭顶之灾，比起普通百姓来，曹家的日子还是能够勉强维持的。

  清雍正六年（1728），年近五岁的曹雪芹随着父亲风尘仆仆地回到久别多年的故乡，北京。曹家四代，已足足有三代人，将一生留在了江南，温柔的烟雨水乡，已经深深契合进了曹家人的骨血灵魂里，他们几乎忘记，原来自己之于江南，亦不过是一个匆匆的过客，他们的根基，依旧在那天高地阔的北京城。

  回到北京，曹家的经济状况已大不如前，因此，曹雪芹无法像一个大户子弟一样，在自己家的家塾里学习，据推测，他很可能是就读于族中其他分支下的家塾的。《红楼梦》中秦可卿的弟弟秦钟，便是借着姐姐的关系，才能进入贾家家塾。这种情况，在当时来说，并不在少数。

  只是，生性自由的曹雪芹，在这种教育环境里，显然是格格不入的。他无法对刻板生硬的封建教育产生任何兴趣，这种教育，或许适合任何一个对功名利禄有着巨大野心的人，对于曹雪芹而言，却是毫无吸引力的。因此，在当时社会，曹雪芹并不是一个"好学生"，可历史就是这样奇异，当年在学校里到处都被谁高看一眼的优等生，他年会被这个世界所遗忘；反倒是那时离经叛道，被老师们暗自讨厌的学生，却可能做出一些轰轰烈烈的事情来。

  显然，曹雪芹就是这样的学生。

  人生的无奈，就这样仓促地撕开了最初温情的面纱。年幼的曹雪芹开始发现，风吹落的花，萎落一地，那是世人眼中的优雅美丽，可是对于那朵花来说，它又怎么可能是不疼的？

这厢，日光熹微，夫子长须满面，学子摇头晃脑，尽念着一些"之乎者也"的东西，曹雪芹断然不可能对这些东西产生任何兴趣；然而，作为被寄托着"振兴门楣"的厚望的曹家子孙，他又必须去走这条路，背负他并不愿意背负的重担，一步一步，朝着自己最厌恶的路上走。

后来，他将这种厌恶情绪，淋漓尽致地描摹在宝玉身上——他亦是不得不从父母愿心，在学堂里学经济学问，学怎么写八股文章，宝玉最厌恶的，便是满口仁义道德的假道学，他在学堂里，未曾好好学过这些东西，更多时候，他在这个世人看来无比庄重的地方，追求真心真情，肆意爱恨。

宝玉，便是另一个曹雪芹。

他们两个人，是如此地相似，都是一样的恣意性情，一样的叛逆不羁，一样的追逐难寻的真情。

后来，身为内府三旗子弟的曹雪芹进入了咸安宫官学。这座官学是雍正帝创办的，早在清顺治元年（1644）清政府就设立了一个八旗官学，康熙年间，清政府又设立了另外一个满洲子弟官学景山官学。满人征服了汉人的土地，却并没有征服宽厚的汉文化，为了能够更好地统治人心，安定天下，从顺治朝开始，清朝的每个皇帝都是精通汉学，能诗会画的，尤其是同曹家关系密切的康熙皇帝。这位千古帝王尤其重视汉文化，而他本身亦可以称得上是学富五车。

其后的雍正也非常重视人才的培养，在他的主持下，清政府在八旗官学和景山官学外，又设立了咸安宫官学，从各个官学中挑选能文能武的优秀人才，经过翰林院同其他机构的努力，清雍正七年（1729），终于选定了九十名十三岁至二十三岁的少年进入咸安宫官学。而资质出众的曹雪芹，被挑中成为咸安宫官学中的一名学子，是极有可能的。

因为当时的官学，相当于前朝的国子监，在里面读书的学生，基本上是非富即贵，纵使是寻常人家出身，也有着扎实的基本功，所以，从官学中出来的学子，前途都是一路开阔的。而且，官学学生素来是由政府出资赞助和供养的，有史书记载说清代官学：教习之勤惰有赏罚，学生之优劣有进退，岁颁巨款以为俸薪、束脩、奖赏、膏火、纸墨、书籍、饮食之费，于是官学遂为人才林薮，八旗子弟无虑人皆入学矣；至近数科，每一榜出，官学人才居半——然费如许心力所造就者，举业耳；于学之实，固无当也！也就是说，清代的官学生的待遇，是相当优厚的，不仅有工资，就连纸墨、书籍和饮食的费用，都由官家出资。可见，能够进入官学，这对当时的曹家来说，是一件多么渴求的事情。何况每次科举考试，官学出来的学子每每都占据了大半榜单，作为官学学生，显然前途是相当不错的。曹家将所有的希望都凝注在这个孙子身上，所以曹雪芹进入官学，参加科举，是他此时此刻，逃脱不开命运。

而那时的曹雪芹，虽然厌恶此事，却也未尝没有过借此扬眉吐气的念头。敏感细腻的曹雪芹，早已明白自己家虽是看似有地位，实则不过是个世代传承的奴才世家。年轻气盛的他傲骨铮铮，无法容忍这样的认知。他也是想要改变这个事实的，世间虽条条大路通罗马，可他想要改变命运，除了科举，别无他法。

乾隆时期，是个对满洲八旗子弟和内务府人员出人头地控制得尤其严格的时期，对于出身卑微的曹雪芹来说，还真是只能通过科举考试，来试试自己的命运会不会有所改变。他并不想成为多么位高权重的人，这一切，都不过是出自一个最简单纯粹的念头——或许，能有一天，自己能够掌握自己的人生，而非是他人眼中的奴才，家人眼中光耀门楣的棋子。

某年，某月，某日。梨花如雪，染白一身落拓衣襟。青衣长衫的男子自飘落梨花的长街尽头来,他背着厚重的书匣,里面装的是满满的书经。他朝着皇城中心走去,走向许多人终其一生都在默默渴盼的考场,他举目四望,想到的是家中窗台下,偷偷藏起的《西厢记》,绮丽的词句,珍贵的情意,如同梦里的海棠残香,如此清晰地渐行渐远。

尽管不愿,尽管深深厌恶着科场,可他依旧必须前往。至少,那是自己给予家族多年恩养的答卷,哪怕上面分数归零。

很明显,曹雪芹是参加过科举考试的,他虽然不爱学堂中的封建教育,然而天资聪颖的他依旧在早年就取得了秀才功名。虽然我们已经无法得知他究竟参加了哪一年的科举考试,然而在《红楼梦》中,高鹗续补的四十回中,贾宝玉曾和侄子贾兰一同参加了科考,在这场考试中,贾兰取得了功名,贾宝玉更是拿到了一个骄人的名次。然而,就在贾家举家上下一片欢欣时,这场喧闹的主人公,却再也没有回到过这个家族。他抛下了万般红尘,弃了妻子父母,随着送他来到这尘世的一僧一道,飘然远去。

他本来就是不属于这个尘世的人。他有血,有肉,也有心,可他终究不是凡子,之于他身上所有的爱恨,注定是空赠。

不得不说,高鹗是了解曹雪芹的。他替早逝的曹雪芹写下了宝玉的结局,虽然未必是曹雪芹心中的结局,然而那种悲凉凄怆,却是一脉相承的。宝玉中举,却离家而去,曹雪芹参加了科举考试,或许,却从中正式生出了叛离之心。

清代就有人关注这部《红楼梦》,对于它的作者,他们比我们更早地有所了解和记录。清代的梁恭辰在他的《劝戒四录》中说曹雪芹是个贡生,而在邓之诚的《骨董琐记》中,也将曹雪芹记为贡生。稍晚,又有说曹雪芹是个举人的。不管是贡生还是举人,曹雪芹是有功名在身的人,这是显而易见的。

只要是有功名的人,都是可以参与政治的,纵使从最低微的七品做起,到底同白丁如若云泥之别。以曹家当时的能力，或许多多打点，也能给他谋一顶花翎。可曹雪芹没有选择这条路。他毅然告别了自己的仕途生涯，在它还没有升起零星火光的时候，他决绝地熄灭了这点还来不及燎原的星火。

梦想是注入心灵最强大的力量，它在远方，而通往梦想的路，就在脚底。参加科考，或许是曹雪芹给家族最后的交代，自此，他要拥有自己的人生，朝着心中的梦想，义无反顾地漫漫前行。

第二节 奋笔:玉是精神难比洁

拽住时光的衣襟,攥着记忆的纤手,搂住年轮的柳腰,抹掉岁月的泪痕,揪下遗留的发夹,吻住亘古的胭唇,抱着时间的玉体。

有时候,诗歌总是这样甜美。它悄然地、安详地、波澜不惊又心潮暗涌地盛开在夜深的花海,侵略我们最隐秘的灵魂圣地。这首诗将残酷的时光素描成惊艳的美人,拥抱并膜拜,圣洁又亲密,字里行间里轻轻告诉我们,应该从容善待时光的流逝,宁静接受时光背后的所有苦涩和甜蜜。

以这样的姿态行走在时光中,我们总能够找到更芬芳的花朵,遇见更美好的自己,然后获得更坚贞的幸福。流花浅语,烟水渺渺处,总会有一个天堂,属于你。

它或许藏在你的身后,安静且秘密;它或许就在谁的眉眼里,带一点淡淡的笑,下个瞬间就伸手挽住你;它可能也只是一片流云一张杏叶,不仔细寻觅,说不定就会错失。许多人相信,心中的天堂,就藏匿在这古老又温柔的文字里,每日都如影随形,不离不弃。我也相信,曹雪芹的天堂,就藏在《红楼梦》中。

在宗学时，曹雪芹已开始这个浩大的瑰丽工程。多年的积累，终于令他的妙笔，在纸上吐出了第一个字，如同氤开了第一朵芳香的玫瑰。为了更好地贴近生活，他走访了许多大户人家，然而，出人意料的是他并没有寻找这些人家的主人，他走近其间的下人，尤其是多年的嬷嬷。他深知，只有这些人，才最了解一个家庭的方方面面的情况，每一个主子，都生活在他们的视线中。

《红楼梦》中的数百人物，个个栩栩如生，有棱有角，宛如我们日常生活中有血有肉的人，这不是偶然，而是出自曹雪芹日积月累的积累，当这种积累到达一定程度，便会从笔端，喷薄而出。

在奋笔著书的过程里，曹雪芹并没有一味地将所有心思都放在文字里。他依旧潇洒不羁，时常偕同友人，时而在一间雪庐酒馆中，醉笑痛饮三万场，不醉不归；时而孤身一人，前往各大寺庙，寻访得道高僧，妙义论辩，乐在其中；酒喝多了，也常有在朋友家的马厩中混一宿到天明的时候。

他的小说读者不少，很大程度上是因为他的朋友不少，有当侍卫时结识的朋友，也有在宗学里的朋友，多年下来，曹雪芹的人脉网，是相当丰富。这些朋友对他的小说很感兴趣，常常要过来询问，为什么情节走向是如此设定的，又为何这段时间小说都没有往下写，他们可是翘首以待，都等着看故事的结局。

他们不知道，这一生，不论是谁，都无法看到曹雪芹亲手写下的结局。

可那时，这帮天南海北聚起来的朋友，聊起来总是浑然忘我。他们总是相聚在什刹海附近的天香楼，这里的菜色不错，厨子手艺极好，点上两三个热菜，再喊一壶小酒，酒酣脑热时快意阔论，就算就着一盘花生米，也能聊上半天。而曹雪芹，总是这些聚会中的主角，他说的话不多，可一句两句，就让人心生好感，如沐春风。

朋友们最爱听的，便是他的《红楼梦》，那时还叫作《石头记》。曹雪芹说到高潮处，不由得红光满面，拍案而起。而一旁的友人们，也都齐声喝彩，忙着追问接下来后事如何，每个人都被其中的情节和人物个性给吸引去了神魂，茫茫然不知身在何方。若是曹雪芹已经写出了下文，他倒也不卖关子，偏偏要说预知后事如何，请听下回分解这些话；只是每次下笔，他都格外慎重，生怕未曾写出最恰当的文字，于是进度难免缓慢了一些。

可朋友们总爱催，曹雪芹干脆趁机"敲竹杠"，说若是自己能蹭上一顿美味佳肴，就算是"当即作书"亦可。求书心切的朋友自然无所不从，便请曹雪芹吃美食，喝美酒，生生地将后文催出好几章。

清乾隆十年（1745），回家探望妻子的曹雪芹，有了一次在家中休息几天的机会，在这宝贵的几天里，他认识了一位好友。这位好友名叫鄂比，亦是八旗子弟，出身镶白旗。两人一见如故，当即相约痛饮。一巡酒过后，已是无话不谈的知交。

鄂比为人豁达，又久经世事，对人世间的许多事情都有自己的独特看法，譬如对于世间人情冷暖人走茶凉之事，鄂比曾说："如今之世，世态炎凉，人心不古，嫌贫爱富，真真是：远富近贫，以礼相交天下有；疏亲慢友，因财绝义世间多！"几句寥寥话语，曹雪芹细细思之，不由心下唏嘘，世间人情之事，又岂不是如此？此事过后，两人益发投契，每次曹雪芹回家，总要邀请鄂比一同饮酒，再聊上许久。

日子虽然有些清苦，可就这样有条不紊地过下去，也未尝不可。然而，人世间，就有那么多的痛苦和离别，令人伤心欲绝，黯然销魂。

清乾隆十三年（1748）十一月十八日，这原本是一个秋高气爽的日子，香山红叶染了几分血色，殷殷地恰是好季节。曹雪芹没有想到，就是这一天，他失去了自己生命中最崇拜和依赖的兄长——平郡王福彭病逝于府中，时年，不过四十一岁。

那是正当壮年的年纪。显然，福彭的病，是多年的积劳成疾，纵使他已经退隐养病，辞官回家颐养，但是这也无法挽救他积弱已久的身体。在捱过了几年之后，福彭阖然长逝。对于这位亦是如同兄长的朋友的逝去，乾隆也感到十分难过，他亲自为平郡王颁发了谕旨，命大阿哥往府中祭奠，给足了平郡王府面子。

皇帝终究忙碌，不过几日，他就已经将此事丢之脑后。可曹雪芹不同，他同平郡王是血脉相连的表兄弟，关系密切，而且当曹家落难之时，多数时候都是这位表兄雪中送炭，对败落的舅家伸出了善意的援手。而自己，回到京城之后，亦是多方承蒙表兄的照顾，从宗学到侍卫，再在宗学中寻到一个职位，这其中，都有福彭的身影。他对于曹雪芹而言，始终是一个如兄如友一样的存在。霍然之间失去这位表兄，曹雪芹陷入了巨大的悲伤和迷茫之中。

曹雪芹这时失去的，不仅仅是福彭这位可亲可敬的表兄，他还失去了堂弟棠村。棠村虽然比曹雪芹小上一些，然而两人却是一同长大的兄弟，共同经历了曹家的悲欢，他们是血脉相连的亲人，亦是把酒言欢的知己。在短短的几年间，曹雪芹霍然间失去了这样两位兄弟，心中的痛苦，几乎要将他瞬间击倒。

天地苍茫，人世无常。他的眼中，泛起了盈然的泪光，他不知道，为何人生如此匆忙和短暂，而人偏生还要经历这么多的悲伤和无奈；他更不明白，为什么人会有一颗这样柔软的心，那样容易受伤，那样轻易地能够感知世间的每一分苦涩与凄凉。他像是走进了一个死胡同，无法走出，四周都是苍苍的暗夜，他看不到一丝天亮的曙光。

就在这时候，曹雪芹从无尽的黑夜里，听到了佛寺的钟声，那声音，遥远而清晰，带着悠远的意味，如同世间的万千尘埃，都在这样沉静的钟声中，得到了安详、平和。

他在静默的佛音当中寻到了解脱，看淡了生死，然而失去这两位至亲好友的痛楚，清晰得依旧宛如发生在昨日。这些经历，影响了他的《红楼梦》创作，宝玉对姐妹们的依恋显然是这种影响的折射。

在第二回"贾夫人仙逝扬州城，冷子兴演说荣国府"中写道："只一放了学，进去见了那些女儿们，其温厚和平，聪敏文雅，竟又变了一个。因此，他令尊也曾下死笞楚过几次，无奈竟不能改。每打的吃疼不过时，他便'姐姐''妹妹'乱叫起来。后来听得里面女儿们拿他取笑：'因何打急了只管叫姐妹做甚？莫不是求姐妹去说情讨饶？你岂不愧些！'他回答的最妙。他说：'急疼之时，只叫"姐姐""妹妹"字样，或可解疼也未可知，因叫了一声，便果觉不疼了，遂得了秘法：每疼痛之极，便连叫姐妹起来了。'……"

宝玉的姐妹众多，除去入宫的胞姐元春之外，还有庶出的妹妹探春，堂姐迎春和堂妹惜春，此外，黛玉、宝钗、湘云等女儿都算得上是他的姐妹。宝玉此人，最爱厮混于内帷，一见了女儿家便欢喜，只说女儿是水做的，干干净净，美好无比。

可见，曹雪芹虽然将笔下的主人公塑造成只是前来历凡，福缘浅薄之人，然而他又愿意让宝玉成长在一个庞大的家族里，虽然有各式汹涌的暗潮，有无法搬到台面上的文章，可一众姐妹们对待宝玉的心，却是真的。她们喜欢这位爱好女儿香的宝哥哥，愿意同他一块儿游玩戏耍。探春亲近宝玉而不愿亲近自己的胞弟贾环，这其中不能说没有一丝一毫的杂念，但贾环为人猥琐卑微，不惹心高气傲的探春喜欢，也并不奇怪，反倒是宝玉，就连贾政自己看到两个儿子，都觉得高下立见：贾政一举目，见宝玉站在跟前，神采飘逸，秀色夺人，看看贾环，人物委琐，举止荒疏，忽又想起贾珠来，再看看王夫人只有这一个亲生的儿子，素爱如珍，自己的胡须将已苍白：因这几件上，把素日嫌恶处分宝玉之心不觉减了八九。更何况，探春不过是个豆蔻年华的小姑娘。

年复一年，日复一日。曹雪芹的脚步，随着命运流转，从千里之外的烟雨江南，辗转到天子脚下的帝都，从游人如织的崇文门外，到表兄的平郡王府，又因为命运起伏，当过侍卫，入过宗学。他的人生，在茫茫的时光雪原里，奔流飘摇，尝尽了人间的悲欢离合，看惯了世事风月无常，他宏伟的文学殿堂，在这样曲折辛酸的人生里，渐渐流溢出了惊人的华彩——那是他付出沉痛代价后的耀眼回报。

清乾隆十六年（1751），时光从指缝里渐沥而过，这部宏伟巨作渐渐出落成了最初的天然，已经初见规模，如同大观园，已有了最初葳蕤的花草和细腻的锦绣。书稿初成，年岁渐长，此时的曹雪芹，心中有一个积累了多年的念头，它已沉浸在黑暗的泥土中太久太久，渐渐地，将要破土而出。

曹雪芹想：或许，自己是时候该离开了。

第三节
调整：徒留名姓载空舟

翻阅曹雪芹的人生，心里始终有个淡淡的疑问：曹雪芹的妻子，究竟在他的人生中，扮演着一个怎样的角色？仿佛那是一个清淡如兰的影子，苍白，却紧紧相随。显然，曹雪芹是爱重这位发妻的。结发为夫妻，恩爱两不疑，他们或许有过一段红袖添香的缱绻时光，温柔静好。

多年后，她因病亡故，余下幼子，留下一室清冷，曹雪芹望着这片惨然，心下或许是一阵无法言说的痛，那是自己的心，生生被割去一半，却眼睁睁地，无能为力。少年夫妻老来伴，这个看起来多么卑微的愿望，自己却怎样都走不到。她撒手，他还活着，因为孩子还年幼。后来，他续娶，她坟头长了新草，他带着幼子上坟，眸光依旧沉痛，只有他自己知道，不管如何沉舟侧畔千帆过，他心里的某个位置，总是会留给她的。

有人说，曹雪芹的岳父家居于右翼宗学附近，因故曹雪芹时常出没在此地。或许，那个同他缘定三生的姑娘，便是这里的书香门第，清秀、微甜、淡雅，宛如一朵栀子花。他撷花而去，将这朵花栽种在自己于香山的家中，从此只愿携手平生。清乾隆十六年（1751），他离开了宗学，搬到西郊的香山，一心完成《红楼梦》。

在宗学的职务实际上十分清闲，俸禄也不错，然而，这样一份工作曹雪芹说辞便辞，只为了写小说。做妻子的也并无怨言，只是看着丈夫，辞去职务，回到香山。她的心愿或许很简单，有丈夫和孩子在的地方，那就是一个完整的家。心愿那样简单，她亦是一如既往，过着平淡清苦的日子，也并不伤怀。

其实曹雪芹回到香山，不仅仅是因为怀念着香山美丽的风景和淳朴的人情，妻子的身体，也是令他极其担忧的一个原因。因着多年的操劳，她的身体益发孱弱。放弃在宗学的职务，意味着曹雪芹从此放弃官途。实际上，曹家在京中的旧故还有不少，然而，平郡王已病逝，自从这位表兄故去之后，曹雪芹于官途一事上，未免心灰意冷，一向清高傲岸的他，也未必愿意去低头恳求旁人帮忙。过于清傲的人，诚然不适合为官，曹雪芹亦是如此。

香山脚下，有一方小小的居屋，春来夏深，草木茵茵，清凉的石砖整整齐齐地铺了一地，院落里还有一棵老树，投落一片森森的阴凉。这就是曹雪芹在香山的家，自立门户，一心一意地闭门写起书来。

早在此前，儿子已经出世，这个孩子早慧且可爱，给夫妻二人带来了不少欢乐。闲暇之余，曹雪芹最爱逗逗儿子，或者喝上一点小酒，外出同此间的淳朴百姓们谈谈天。这样的生活虽然简单，却也格外逍遥，曹雪芹乐在其中，每一片静静的时光里，都有幸福的味道。

在此处的生活虽然清贫，生活上倒也并无烦忧，作为旗人，曹雪芹每个月可以从内务府中领到足够生活的银钱。因此，于衣食一事上，内务府每月所发放的银两，足够一家三口的小生活。曹雪芹唯一的正事，便是《红楼梦》。此时，《红楼梦》基本上已经定稿，所剩下的，是更为繁琐浩大的修订工作。

听闻曹雪芹移居香山，他的好友纷纷前来探望。这些好友，都是同曹雪芹境遇相似的文人，才高八斗，于官途上却同样并不痛快。他们深知曹雪芹提笔《红楼梦》的立意，也深深被这部奇书所吸引，因此他们来探望曹雪芹时，总要将当时曹雪芹所完成的《红楼梦》旧稿带回家中细细品鉴，等到曹雪芹又完成一稿，再将旧稿带回以换新稿。曹雪芹对朋友们的关心十分感激，然而修订工作却并不轻松简单。《红楼梦》全书共一百二十回，便是在当时，亦是一部鸿篇巨制。曹雪芹其人，又为人严谨细心，修订起来自然是格外艰难。

《红楼梦》的修改并不仅仅局限于文字上，即使是结构和内容，也有不小的改动。譬如，第六十三回"寿怡红群芳开夜宴，死金丹独艳理亲丧"中，有这样一段话：宝玉说："芳官之名不好，竟改了男名才别致。"因又改作"雄奴"。芳官十分称心，又说："既如此，你出门也带我出去。有人问，只说我和茗烟一样的小厮就是了。"宝玉笑道："到底人看的出来。"芳官笑道："我说你是无才的。咱家现有几家土番，你就说我是个小土番儿。况且人人说我打联垂好看，你想这话可妙？"这其中的"土番"二字，也别有由来，是曹雪芹经过好几次实地考察才斟酌用墨的。

土番指的是当时生活在万安山法海寺附近的金川人，实际上，这些人是藏族的一部分分支，因为战乱等原因居住于万安山附近。曹雪芹听闻那里有土番居住，甚至前往多次，将这些人的形象也加入到自己的《红楼梦》中。

法海寺是一座恢宏清幽且香火鼎盛的寺庙，此处青山绿水，鸟语花香，行走在这座古刹中，不知道何等惬意逍遥。曹雪芹时常漫步其中，或听一听涛声钟鸣，或是同寺中的高僧讨论佛理，人生的脚步，就这样不慌不忙地过去，而曹雪芹，也从一位不得意的少年，变成了两袖明月的中年男子。

经过多番考察修订，《红楼梦》终于大致成型，在城中的亲朋好友纷至沓来，前来鉴赏这部奇书。这其中，有清代诗人张宜泉、吴玉峰、弘晓等人。吴玉峰看完《红楼梦》之后，将此书定名为《红楼梦》，而另一位文人朋友孔梅溪看完全书后，则将该书取名为《风月宝鉴》，因为他同曹雪芹，以及他早逝的堂弟棠村都是至交好友，早年曹雪芹曾写过一部小书，便叫作《风月宝鉴》，当时为它作序的，正是棠村。孔梅溪将《红楼梦》定名为《风月宝鉴》，也不无追悼怀念棠村之意。

就在无波无澜的时光慢慢走着的时候，曹雪芹却突然遭受到了一个十分重大的打击。清乾隆十八年（1753），那对于曹雪芹来说是他人生中最为黑暗的一年。他的妻子，病逝香山，她还不过三十五六岁的年纪，就撇下了稚子和深爱的丈夫，香消玉殒。

她十四五岁时，就嫁给了曹雪芹，最美的年华，都给了他。恍然回忆，两人相依为命的时光，也有二十年，二十载的细水流年事。可曹雪芹还是觉得不够，他悲痛地想：他们是结发夫妻，应该白头偕老，携手在苍茫的人海里相依取暖，不能走散，不能分离，不能隔着生死，遥遥相望。分明还有那样长的一生，却已是他们永远都无法抵达的彼端。

依稀的暮光里，他握着她逐渐冰冷的手，她的睫毛上，还残留着泪光。她也不愿意离开她所深爱着的丈夫和孩子，只奈何人世匆匆。曹雪芹将妻子埋葬在西郊的地藏沟。这是一个小山谷，山谷口处有一座地藏王菩萨庙，于是因此得名，这里住着一户替此处寺庙管理香火的刘姓人家，在刘家的后面，有一块土地，是属于正白旗的义地。

而曹雪芹的妻子，便埋葬在这里。

他温柔地拂去墓碑上淡淡的石灰，殷红的几个字，如同锋利的刀，瞬间刺伤了他的双眼。他像是不能控制似地背过身去，捂住了眼睛。他不愿让黄泉下的她看到自己巨大的悲伤，老人说，那样她会走得不安心。所以，这难以承受的痛苦，就让他一个人来承受就好。

然而，一想到自己的身后，再也不会有个人，如同她一样，温柔地目送自己远去的背影，静默，温婉，二十年如一日，曹雪芹再也无法抑制。透明而温热的泪，从深深的指缝里，落入萧瑟的荒草，瞬间滑落不见，仿佛从来没有存在过。抹去一滴泪的踪迹很容易，可曹雪芹不知道，抹去一场死别的悲伤竟然这样艰难。

他没办法走出来。他将年幼的孩子托付给亲人们，独身一人，以禅意寻求解脱。老舍先生曾说过："父老传言，曹雪芹曾在附近法海寺出家为僧。"这虽然是一种传言，然而无风不起浪，曹雪芹或许真的曾因为无法忘记心中的痛苦，转而以"出世"来忘却心灵的悲伤。

然而，这种忘却，仅仅只是暂时的。现实容不得任何逃避和退缩，他虽然失去了挚爱，但是他们还有一个孩子，他必须要承担起当父亲的责任来。那个孩子，已经失去了自己的母亲，他怎么能够忍心，让他再度失去自己的父亲呢？

佛香禅意，虽然能够让他暂时忘记尘世带给他的痛苦，可是曹雪芹亦是深知，他能够躲避一时，却躲不过一生一世。他的心，依旧渴望天空中不羁的飞鸟，依旧畅想那无忧无虑的自由，他的奔放他的爱，都生活在一片自由的天空下——他无法，在静默的斗室中，日复一日地看破红尘。

而更重要的是，他惦记着他此生的瑰宝——《红楼梦》。

第八章

人生际遇：漂泊亦如人命薄

第一节
批注：傲世也因同气味

有人说，我可以没有男朋友，但是不能没有闺密。友情和爱情，本来就是生活中不可缺少的元素，宛如调色板，爱情是芬芳的玫瑰色，友情是蔚蓝的天空色。爱情未必每个人都甘之如饴，友情却足够在卑微时暖一把人心。正如也有人说，君子之交淡如水，小人之交甘若醴。淡远优雅的友谊一如高山流水，如胶似漆的酒肉朋友未尝也不快活。

那年，经受了香火佛光熏陶的曹雪芹，终于回到了阔别几月的家中，幼子已逐渐成长，失去母亲的孩子，一夜之间对父亲格外依赖。曹雪芹在香山的家中，抚养着两个孩子，一个是他的幼子，另外一个，便是他倾注了一生心血的《红楼梦》。

等着看《红楼梦》的亲友络绎不绝，他们趁着初雪落尽的春光来到曹雪芹家中，带走了一稿新书，送还时，新书已被翻阅微黄，密密麻麻地布满了亲友们的各种意见与评语。曹雪芹非但不以为意，反而觉得这是分外珍贵的东西，月夜里，他借着微亮的烛光，披一件单薄长衣，细细品读每一个字眼儿，读到心意相通处，不由拍案叫好。正是在如此多至交好友的努力下，最终才有《红楼梦》举世无双的瑰丽模样，神奇而又宏大，天上地下，唯此一梦。

那时春色浅落，早莺生暖。一部《红楼梦》从香山到帝都，山水无声，默默地记载这一路清和流光。

在《红楼梦》中批注最多的还数脂砚与畸笏，世上最为人熟知的脂砚斋，被世人认为最洞悉曹雪芹灵魂中每一缕心意流走的脂砚斋，便是《红楼梦》初稿中最多的批注者。脂砚和畸笏，据论证，都是曹雪芹的叔叔辈，畸笏很可能就是曹雪芹的父亲曹頫（一说叔父），而脂砚则是曹雪芹的叔叔昌龄。

昌龄全名富察昌龄，他的母亲是曹雪芹祖父曹寅的胞妹，他的父亲则是曹家没落时除平郡王府之外最大的靠山傅鼐，血缘关系不过三代，说起来亦是近亲。亲密的血缘关系，并不是两人交好的主因，在曹雪芹眼中，昌龄同自己的血缘多么亲近，他的出身多么高贵，他的官运又如何亨通，这都不重要，重要的是，这是一个同自己气味相投的朋友。

他们都爱读书，除却四书五经外，都爱读所谓杂书。昌龄家中的谦益堂，收藏了无数珍本，有许多都是有价无市的宝物，本本都是无比珍贵的收藏。纳兰容若的通志堂，虽然在数量上比谦益堂的多一些，可珍贵程度与精品程度，却比谦益堂的要略逊一筹。而昌龄之所以能够有如此多珍本，其中很多书籍，是源于曹寅的收集。当年曹家被下旨抄家，早在抄家之前，得知风声的曹頫，便已将部分珍品转移，而酷爱读书的昌龄，便收藏了曹寅的藏书。

其实，昌龄收藏的曹家珍品，并不仅仅只是珍贵的藏书。

这段故事，在《红楼梦》第七十五回"开夜宴异兆发悲音，赏中秋新词得佳谶"中，有这样一段话，依稀可以追寻曹家往事的迷离：话说尤氏从惜春处赌气出来，正欲往王夫人处去。跟从的老嬷嬷们因悄悄的回道："奶奶且别往上房去。才有甄家的几个人来，还有些东西，不知是作什么机密事。奶奶这一去恐不便。"尤氏听了道："昨日听见你爷说，看邸报甄家犯了罪，现今抄没家私，调取进京治罪。怎么又有人来？"老嬷嬷道："正是呢。才来了几个女人，气色不成气色，慌慌张张的，想必有什么瞒人的事情也是有的。"尤氏听了，便不往前去，仍往李氏这边来了。

  显然，昌龄家中所藏匿的曹家珍品，并不只是曹寅的藏书而已，他还帮忙收藏了许多其他宝物。这其中，便有一方红丝砚。

  红丝砚，原产自山东青州，自古以来便是砚中珍品，在逍遥而离乱的魏晋时期，便已经天下闻名。有人记载说：天下名砚四十有余，以青州红丝石为第一。能得到如此美名，显然红丝砚的地位在名砚中，极其非凡。时至清朝，红丝石已殆尽，自此，红丝砚身价百倍。据说乾隆的书案上，亦有一方红丝砚，珍爱十分，时时赏玩。

  而昌龄书房中的这方红丝砚，显然又是珍品中的珍品。这方墨砚，滴上水之后便有温润的水液自然流出，轻轻触摸，一手的温润如绒，而自红丝砚中磨出的墨，柔润乌黑，带着淡淡的烟雨水色，美丽得仿佛又是一个江南水乡，跃然于纸上。昌龄爱书，自然也爱文房四宝，对于这方红丝砚，昌龄十分钟爱，于是接着这方宝砚，给自己取名叫作"脂砚"，又将自己的书斋叫作"脂砚斋"，仿佛一提笔，便是淡墨书香，盈袖而来。

  因为学养深厚，学识丰富，昌龄的仕途虽然称不上青云直上，却也始终平稳。他是雍正元年的进士，进士出身后，进入翰林院为官，直至翰林院侍讲学士。他为人稳重踏实，细腻柔和，在批注《红楼梦》时亦是如此。清乾隆十九年（1754），昌龄来到香山，带走了曹雪芹的所有书稿，包括亲友们的所有批注和评语，一字一句，细细翻阅，尔后悉数抄写。

在清乾隆十九年（1754）到清乾隆二十四年（1759）的五年时光里，事务繁忙的昌龄忙里偷闲，将偷来的时光都用在这部《红楼梦》之上，先后对它进行了四次评阅。这些评阅，亦是自己的心血，同曹雪芹其他亲友的自是不同，他兴致勃勃地给自己的版本起名叫作《脂砚斋重评石头记》，这个版本，其间有许多珍贵资料，包括许多红学家孜孜探寻的谜题，在其中都有所旁敲侧击地点到，而最为世人所熟悉的红楼批注，便是脂砚斋。

清乾隆二十四年（1759）后，昌龄日益老去，他的身体，已经不能再像年轻时，挑灯夜读，彻夜不寐也不觉得累，于是，他逐渐停下了对《红楼梦》的批注。

而另一位为众人熟知的批注者畸笏，多数人认定那是曹雪芹的父亲（叔父）曹頫。那同样是一位诗画风流的文人。曹家人丁单薄，子息薄弱，曹頫兄长早逝，到了曹雪芹这一代，他的堂弟棠村亦是早夭。而此时，妻子和弟媳都已经病亡，曾经繁华无双的曹家，竟然只剩下了父子两人相依为命。

清乾隆二十二年（1757），曹頫离开了京城，只带着二三仆从，寄住于玉泉山下的功德寺中。这里同曹家的渊源从曹寅便开始了，在家境巨富时，曹寅曾舍给功德寺大量的房屋土地。于是，曹家成为了功德寺最大的施主，曹頫前来寄住，全寺上下自然毕恭毕敬，无所不依。

往事的不快，已经随着时光的流逝消散成云烟，虽然这个孩子天生反骨，年少时做出了不少令自己恼怒的事情，又不求上进，可他终究是自己的孩子，是曹家的子孙。幼时，自己也曾宠爱过他，闲暇时分也曾抱他在膝头，教他读书识字，教他为人处世的道理，也曾倾注了心血，寄寓了厚望。如今曹家凋零，除了他，还能有谁是自己血肉相连的亲人？又何必，弄得两人都不快活呢？

曹頫将心结放下。这一放，使他能够从另一个角度来审阅和欣赏这个孩子，他翻开《红楼梦》，忽然发现，这个曾经被自己视为家族逆子的孩子，竟然写就了这样一部巧夺天工的奇书。他见识广，读书多，自然明白《红楼梦》的价值，远远不止是一部市井小说。他毅然披衣而起，研墨提笔。

可曹頫毕竟还是一个旧时家族的维护者，有许多地方，他同曹雪芹反封建教化的思想是背道而驰的。在《红楼梦》第十三回中，他这样批注道：秦可卿淫丧天香楼，作者用"史笔"也，老朽……因此命芹溪删去"遗簪"、"更衣"诸文，是以此回只十页，删去天香楼一节，少却四五页也。

作为一个旧式家族的家长，曹頫虽然精通诗画，可对于曹雪芹笔下的许多"反叛"之语，还是有所不能接受。秦可卿此人，在《红楼梦》中，虽然只出现了一瞬间，但是她，却影响了整部书的走向。这是一个奇女子，她出身高贵，却成长于贫寒，最后又因身世败露而被赐死。她引导过宝玉，提醒过王熙凤，还同公公贾珍之间有着个不可说的秘密。

出于卫道的目的，曹頫命令曹雪芹删去了天香楼这一节，这样做，曹頫自然有他的理由。在一个庞大而繁华的家族中，最重要的事情不是发家致富，而是祭祀和教育。这两者，一个是感谢祖宗的庇护和保佑，希望这个家族能够继续繁荣昌盛；另外一个对于子孙的教育，则是走向昌盛的更重要一步。都说一代看吃，二代看穿，三代看读书，对于知识的力量，古人是深有体会的。

然而奇怪的是，在《红楼梦》中，这两件大事，都没有从根本上得到保证：虽然祭祀和家塾都已有设立，但是族中始终没有拨出固定的钱粮，来维持这两桩大事。秦可卿死后托梦给王熙凤，亦是很有远见地建议：目今祖茔虽四时祭祀，只是无一定的钱粮，第二，家塾虽立，无一定的供给。依我想来，如今盛时固不缺祭祀供给，但将来败落之时，此二项有何出处？莫若依我定见，趁今日富贵,将祖茔附近多置田庄房舍地亩,以备祭祀供给之费皆出自此处,将家塾亦设于此。合同族中长幼,大家定了则例,日后按房掌管这一年的地亩,钱粮,祭祀,供给之事。如此周流,又无争竞,亦不有典卖诸弊。便是有了罪,凡物可入官,这祭祀产业连官也不入的。便败落下来,子孙回家读书务农,也有个退步,祭祀又可永继。若目今以为荣华不绝,不思后日,终非长策。眼见不日又有一件非常喜事,真是烈火烹油,鲜花着锦之盛。要知道,也不过是瞬息的繁华,一时的欢乐,万不可忘了那'盛筵必散'的俗语。此时若不早为后虑,临期只恐后悔无益了。

曹頫看到这里,自然触动了他的伤心事。虽然曹家的没落早已注定,可这个积累了四代的家族,毕竟是在他手上被抄家的,亦是在他手中彻底走向败落的。作为一个家长,他无法不内疚和后悔,若是当年曹家同样注重团结,注重子孙后代的教育,或许也不会有这样萧瑟卑微的一日。他以为,若是秦可卿是这样一个有谋略有远见的女子,那么她就不会有那样凄凉的结局,命丧天香楼,连生死都无法由自己掌控。

站在曹頫的角度,他没有错;只是站在曹雪芹的笔端,他写秦可卿,却并不是写一个淫荡的女子,写一个政治斗争下的可怜牺牲品,写一个灵慧通透却身世凄凉的芳魂。在秦可卿身上,曹雪芹投注的,还有他反封建的思想,当然,这种思想,是他的父亲曹頫所不能够理解和纵容的。

因此,在曹頫的执拗建议下,曹雪芹不得不删去了一节,然而,他还是巧妙地点出了秦可卿同贾珍的乱伦事实。这桩事实,隐藏在曹雪芹隐晦的笔法之下,仿佛他真是一位唯父是从的"孝子贤孙"。

不论如何,这部《红楼梦》,依旧是凝聚了无数人心血的奇书大观,它不是曹雪芹一个人的成果,而是许多人共同努力的结晶。也正是因为如此,它有千百种模样，盛开在那个风月微凉的年代；它有无数张娇媚或沉重的脸孔，有笑有泪，有怨有恨。一曲终了，余音绕梁，而《红楼梦》的唱晚，始终不会散去。

第二节 风筝：拍手凭他笑路旁

还记得，李煜写过一曲《风筝误》。那是一出吵闹且欢喜的剧，由一只被月老扯了红线的风筝，牵了两桩要多般配有多般配的姻缘。一桩是郎才女貌，一桩是男吵女闹，世人眼中的才子佳人是前者，可后面一对，欢欢喜喜，看似一对冤家，却也甜蜜恩爱。这本来就是一出再世俗不过的剧，人们就爱看这样的眷属终成人间圆满。

这段戏，在舞台上上演了无数遍后，曾被搬上银屏。于是，这让人不免对风筝有种旖旎幻想，或许呢，我们手里握着的线，它牵着的风筝，若是不慎飞高了，不见了，它会不会落在哪个有缘人的手里，多年后于尘世里相逢，忆起幼年旧事，不由相视一笑。可实际上，我们的风筝，要不飞到高高的树梢，在风吹雨打里褪色，要不稳稳当当地回到手里，放在仓库里，渐渐就染了尘埃。

心里也是有点小遗憾的。故事里的奇迹没能发生，到底有点悲伤。可这点小遗憾和小悲伤，在第二次放风筝的时候，就浑然无踪了。只记得风筝高高飞起时的欢喜，只记得自由翱翔的快乐，那是多年后再多的物质都无法给予的感动。有谁不喜欢风筝呢？儿童二月放纸鸢，千百年来，年幼的孩子们，都是这样快乐过，奔跑过，在明媚的春风里尽情地展开笑颜过。

而我们都深爱着的那个人，亦是喜欢这种无拘无束的自由，他甚至还专门写了一本书，叫作《南鹞北鸢考工志》。或许，当他仰起头，望着碧空上遥遥飞翔的风筝，曾想起自己完美无瑕的童年，他也曾有过那样纯净的快乐啊……可是为什么，人总不能一直就那样快乐下去？

重返红尘的曹雪芹，行走在香山幽幽的小径里。在平静的乡间，他感到了一种特别的温暖，那是他此前的贵族人生中，从未感受过的俗世温暖。这里的百姓淳朴厚道，对这位操着京城口音又性情豪爽的曹先生十分喜爱，他们茶余饭后最大的爱好，便是聚到曹先生身边，听他讲天南海北的奇闻逸事，也听他说一个好听得紧的故事，那个故事，仿佛叫作《红楼梦》。

香山的旗人们却并不喜欢他，刚开始他们以为曹雪芹还有什么后台，当时的佐领对他也很礼遇，因此并不为难他。可矛盾早已滋生，习惯了安安分分靠每月银两过日子的旗人们，非常看不惯连银两都不按时来领取的曹雪芹。所以，冲突在新任佐领上任后开始爆发。他没有跟任何人计较，只是做出了一个决定：搬离香山。

清乾隆二十年（1755）的春天，那间容纳了一家三口温馨时光的屋子在某个雨夜里轰然倾塌，此地，再也没有什么可以留恋的了。曹雪芹带着年幼的孩子，决然地离开了香山。

新居在公主坟镶黄旗营北上坡碉楼的两间东房里，朝西有个碧云寺，后面则是玉皇顶。如今那里已是人声鼎沸车如流水，而百年前的曹雪芹看入眼中的，只是一片荒凉和孤僻。这样也好，他淡淡想着，避开了人世纷争，反倒可以清清静静地做他喜欢的事情。

《红楼梦》在这时还不是最打紧的,令他陷入繁忙的是编写《南鹞北鸢考工志》。至于曹雪芹为何要编纂此书,还得追溯到三年前,这同他好义尚侠的个性亦是不无关系。

那是清乾隆十八年(1753)的冬天,雪深深地厚了一丈,月光深浅凹凸地落下来,如同一枚枚玉珏,都盛满了青光。窗外,是爆竹声声入耳,到处都是过年的欢天喜地,唯有曹雪芹家中,冷冷清清。他凝眸,望着不断飘落的雪,想起去年今日,他的家中亦是一片欢喜。只是少了一个人,却仿佛少了一个家的魂。

忽然,敲门声响起。推门一看,竟然是许久不见的老友于景廉。

年关上门来,自然不为把酒言欢。于景廉原本是南京人,后来随军出征西北,不幸在战争中伤了一条腿,从此客居京城,并且在京城娶了妻子,生了孩子,就此扎根在此。他家中人口极多,全家上下只靠着他一人外出卖字画为生。然而,今年的生意颇为冷清,到了现在还没有卖出去一张年画,而家中翻箱倒柜,已经再也找不到一样可以充饥的东西。稚子不解世事,犹自哭闹不休,心烦意乱之下,于景廉出了西直门,直奔香山,前来求助曹雪芹。

或许,他只是想要找到一个倾诉的人,却没想到,正是眼前这位忠诚的朋友,缓解了他的燃眉之急。

从对话中,曹雪芹已经知道,朋友的困境已经到了什么地步。他深知,自己的这位朋友性情刚直,如果不是走投入路,又是为了年幼的孩子们,是绝不会开口向自己求助的。

在老友倾诉的苦水中,曹雪芹霍然捕捉到一个信息:虽然京城中穷人穷得连过年都没有米来下锅,富贵人家却是泼天的富贵,甚至有一家王府中的贵公子,极其喜欢风筝,为了求一只心仪的风筝,甘愿花数十两金购买,而十两金子，已经足够于家上下过上好几个月稳稳当当的小日子了。

曹雪芹脑中灵光一现，一拍脑门，笑道："如此说来，岂不是甚好。我这里刚好有竹和纸，不如我来给你做几个风筝，看看能不能投那位公子的青眼！"

他说做就做。曹雪芹次日就将做好的风筝，送给于景廉让他带走，还有自己从邻人那里借来的几两银子，也一并让老友带回家去缓一缓他家的燃眉之急。曹雪芹此举，并没抱多大的希望，却没想到，可巧那位公子非常喜欢曹雪芹做的风筝，当即用一笔不菲的银子买了下来。

除夕那夜，为了感谢曹雪芹，于景廉特意买了鸡鸭鱼肉等丰盛的菜肴，还有两坛曹雪芹最喜欢的黄酒，用一头小毛驴驮了过来，要同这位雪中送炭的朋友好好过上一个快活年。见了曹雪芹，于景廉又对那几个风筝赞不绝口，说是王府中的老人说，活了这么多年了，京城里手艺绝顶的老师傅，也没能做出这样精巧的风筝来，小公子一高兴，便说这风筝，若是还有，他照样要。

听这一席话，曹雪芹也觉得高兴极了。他所高兴的，不只是自己的朋友一家的生活从此有了保障，也为自己的手艺被认可而感到兴奋。

那一夜，他记得自己喝了很多酒，醒来后如一场大梦过境。老友在侧，迷迷糊糊地说，曹雪芹，干脆我跟你学做风筝吧，好歹也能混口饭吃。他突然之间萌生了这样一个念头——既然风筝可以帮助他的朋友，为什么不能拿来去帮助更多的人？自己虽然也不富有，可这个世界上，还有许多人，连最基本的养家糊口都是奢望。

授之以鱼，不如授之以渔，曹雪芹非常明白这个道理。他决定撰写一本关于风筝各种知识的书籍，用来帮助那些生活在贫寒之中的人们。在编写这本书的过程中，曹雪芹渐渐发现，南方的风筝和北方的风筝，实际上有很大的不同，因为气候的悬殊，就连风筝，也大不相同。他结合两者的优点，又根据北方风剧而猛的特点，制造出一种形制同以往都有所改进的风筝。而且，能诗会画的曹雪芹还在风筝上绘制了各种喜庆的祝福话语或图案，十分讨喜。

　　在曹雪芹的《南鹞北鸢考工志》里，曹雪芹到处搜集风筝知识，细心地给它们分门别类，并且还绘制了相应的图谱，甚至还编写了容易背诵的歌谣。这本书里收录的风筝，既有北方的风筝，同样也有南方的风筝，曹雪芹自己绘制的新样子，他也并不藏私，一一在书中详细公布出来。

　　曹雪芹撰写这本书的目的，如同《红楼梦》一样，纯粹是源自最真诚的心底，毫不矫揉造作，不掺杂任何晦暗的目的。那是一条没有流经俗世的河流，清澈得能够看见水底温柔的荇草和飘忽不定的鱼苗，水星在礁石边轻轻跃起，激起娇小的白花，阳光趁机一闪而过。他怀着最纯美的内心，将心里的故事，将人世的沧桑，将自己的希冀，埋藏在笔墨里，写就了《红楼梦》；而此时，他以更坚定的目的，亦是更为直接的方式，无形中帮助了许多人。于景廉是一位，一定还有许多不知姓名的陌生人……

　　《南鹞北鸢考工志》完工于清乾隆二十二年（1757）的三月，又是一年放纸鸢的好时节。曹雪芹放下手中笔，抬头遥望那一片明媚得格外娇艳的晴空。楼外，青山隐隐，碧水迢迢，孩童们的喜笑声，已并不遥远，正从青山深处，渐行渐近。仿佛是已经听到了那些无忧无虑的笑声，曹雪芹弯起嘴角，微微笑起。

第三节 迁居：桃源深处有药香

自古以来，都说乔迁之喜。搬到新居，对于许多人来说，是一件值得庆贺的大喜事，乔迁之喜，很大程度上被认为胜过了新婚的快乐。因为他们觉得，迁入新居，意味着人生又步入了一个新台阶，新的一页，即将翻开。

然而，不是所有的迁居，都意味着欢喜。有人从不足三十平米的小屋搬入了九十平米的新居，欢呼雀跃，连做梦都是甜的，空气里亦是荡漾着蜜一样的氛围；也有人从华美的豪宅迁入了百余平米的居屋，便觉得世界顿时被缩小成小小的一方，空间狭隘，连转身都觉得困难。

不论是从贫苦步入小康，还是从富贵跌宕至贫寒，都是人生百态中的种种。唯一可以依靠的是自己的心。强大的心灵，足够治愈命运带来的任何伤害，不论是多么残酷的命运，只要有一颗坚韧强大的心，时光里，总能看回安然浅笑的自己。

清乾隆二十二年（1757），刚刚完成《南鹞北鸢考工志》的曹雪芹，迁居到了一个叫作白家疃的小村落，这里山清水秀，鸟鸣山幽，很有一番风味。至于曹雪芹为何要搬到此处，此事却还得从头说起。

白家疃是一个并不大的村庄，它坐落在寿安山后一片青翠绵延的深处。这里，跟正白旗的营地，只隔了一座山梁，却是格外的清幽怡人。虽然在京城里并不出众，却像是一朵野菊花，在各种千娇百媚里，也有自己的独特芬芳。

正如真正清醇的美酒，从不担忧因为巷子太过蜿蜒而不为人所知，白家疃同这坛美酒，被雍正朝的怡亲王允祥所挖掘。位高权重的亲王生前时常来此打猎，还因为深深地沉醉于这里的美景，乡野间的别有情趣，惬意的生活而在这里兴建了山庄别墅，余暇时分，亦是常在此小住。

甚至在怡亲王去世后，雍正念及这位叔叔，还是不由动容地回忆说，从前怡亲王还在的时候，经常跟他说起，京城郊外的白家疃，百姓淳朴，民风纯净，每日日出而作日入而息，生活得踏实而知足，还深深感念着朝廷的给养教化之恩。想到此处，雍正几经思索，终于提笔下旨，将白家疃的赋税人丁全部永久地豁免，而在这片土地上的产出，只需要供奉怡亲王的香火钱。

因此，这个淳朴的村落，成为了一个特殊的存在，村民们一年的劳作所得，无须缴纳赋税，仅仅只要留出足够的香火银两。从此，这个只有三百余户人家的村落，鸡鸣犬吠，炊烟如缕，宛如是一座小小的世外桃源，悠然自得地存在在世界之外，唯一不同的是，它还留着一条蜿蜿蜒蜒的小路，通往那个红尘俗世，通往繁华和精彩。

百年前，有位白家疃的老人，他还记得祖辈上流传下来的一个故事。白家疃人口虽然不多，然而加起来也有好几百号的人口，村里并没有大夫，偶尔头疼脑热了，总是自己摘草药熬汤来喝，若是生了大病，就要走很远很远的路，到前头的营地里，才能找到比较正式的大夫。

但后来，前头的营地里来了一个大夫，经常过来给穷人们问诊看病。他并不收钱，每次都是孑然一身，背着个沉沉的药箱。刚开始，他的病人不太多，却每次都是药到病除，于是后来来找他看病的人也渐渐多了起来，村里特意为他安排了一个药堂，在南边山脚的一间破庙里，凳子不够时，便有热情和感激的村民，自发地送来家里的桌椅。他们对那位大夫，很是感恩。

这个故事，被记载在金鉴先生的《寻踪白家疃》里，最初是出于哪位老人之口，已经无法寻觅，然而，这件事情，是真真切切发生过，存在过的。多年前，在这片醇厚古老的土地上，曾有过那么一个人，飘然而来，施给这里的人们不尽的福音。白家疃的百姓们不会写字，可他们会记得，会在众口传诵里，将他的事迹，一代代流传下去——这是属于他们的感恩方式，他们没有金钱，没有珍贵的宝物，只有一份炽热的真情。

他们也不知道，那位始终柔声询问，细心诊脉的医者，竟然是世界上少见的可以被称之为瑰宝的曹雪芹。他们只记得，这个人，隐约是姓曹，仿佛也能断文识字，可这些，他们并不在意，因为在他们眼中，那只是一个医者，一个用真心在帮他们解除病痛的医者。

那亦是曹雪芹希望在白家疃的村民中留下的印象。

走进白家疃，是曹雪芹在清乾隆十六年（1751）开始的习惯。那一年，他移居到了西山，跟白家疃离得并不远，偶尔有空暇，便抽空过来此地走一走，看看山水，也瞧瞧人情。时间久了，对这里的山水和人们，不免都生了淡淡的情意。虽然淡，但足够在他心中留下痕迹。有时有朋友赶了远路来探望自己，曹雪芹也极愿意带着老友们来白家疃走走逛逛，虽然不是多么绮丽的景致，可小小地徜徉其中，亦是觉得舒适。

他是通才，不论文武，便是星象八卦亦是有所涉及，至于医术，虽然不能说是妙手回春，但超过某些江湖郎中，却是绰绰有余。经常在西山附近行走，曹雪芹便发现，这里的医馆虽然不少，但看得起病的人却实在是不多。于是，他便开始利用自己的特长，为附近的穷苦百姓们义诊，所用的药材也大多是当地就有出产的药材，方便，而且实惠，很是为穷人们着想。

清乾隆二十二年（1757），曹雪芹偶然经过白家疃。那是一个寒风萧瑟的冬日，到底是乡间生冷，曹雪芹便到一位朋友家小坐，烤烤火，偷闲聊上几句。还是这位朋友偶然说起，自己有位姨妈，目盲了多年，还请曹雪芹帮忙瞧上一瞧。

这位姨妈夫家姓白。说起来亦是个苦命的女人。她嫁得早，丈夫也去得早，那时儿子才刚刚出世，家中除了几间屋子，并无其他财物。幸好白夫人自己精通女红，靠着帮大户人家做衣服，每日在灯下苦熬，才将儿子拉扯到二十岁。

想着就快要苦尽甘来，享一享清福了，孩子却在这时候染病死去，留下孤苦无依的寡母，伤心欲绝。因为失去了唯一的希望，这个可怜的女人每天都失声痛哭，以泪洗面，没多久，便哭伤了眼睛，导致目盲，也因为这个，再也无人请她帮忙做衣服。儿子死去，生活来源又断绝，便只好来投奔外甥。幸好，这位住在白家疃的外甥，是个好心人，见姨母孑然一人，孤苦凄凉，便将她当成母亲奉养。

曹雪芹听闻朋友诉说，心中已是十分钦佩，主动要求为这位白老太太仔细看看。待得细心问诊之后，他思索了很久，才蹙着眉斟酌着说：这位老夫人的眼疾十分严重，但幸好并非毫无转圜，耐心用药，仔细休养，还是有可能会复明的。在开了药方的同时,曹雪芹还将身上所有的银两都留了下来,专门留作为老夫人买药之用。那段时间,他经常翻山越岭而来,不断为白老夫人看诊、调整药方、配合她的病情针灸,等等。

好在皇天不负有心人,在曹雪芹的精心医治之下,白氏的病终于有所好转。到了第二年的春天,冰雪消融的时候,她的眼睛已经能够重新看见明媚的迎春和娇嫩的新芽。曹雪芹不由大喜过望,更加觉得自己应该用医术来帮助更多有需要的人们。他将自己的想法告诉白氏,在这段时间里,曹雪芹和这家人,已经建立了十分深厚的感情,白氏亦是极其感激这位妙手仁心的大夫,于是当即建议,不如曹雪芹搬到此处来——他每次来白家疃帮人义诊,都是两地奔波,有时甚至还要去别处看诊,干脆搬到白家疃,方便了村民,也方便了自己。

曹雪芹稍一思索,便干脆地同意了这个建议。

房子是在几个朋友的帮忙下盖起来的,木料是白氏多年前种下的树木,刚好可以就地取材。这四间房子坐落在白家疃的河边,偏向西南方,阳光充足,空气湿润,闭上眼睛的时候,能听到跳跃的鸟鸣和不息的河流声。朋友们为曹雪芹打造了几件简单的家具,而他又在屋子里挂上了收集多年的字画,虽然简单,倒也清幽雅致,别有味道。

际遇巧合,曹雪芹就这样搬到了白家疃。自从这位大夫定居到了村子里,附近来看病的病人更加络绎不绝,曹雪芹原本只打算在这里住上几个月,不久后照样回到公主坟居住,没想到需要自己的人,却是越来越多,自己回去的时间,不得不一推再推。

冷月无声,滑亮一纸的墨香;风影姗姗,摇曳一帘的好梦。旖旎的夜雾,推开谁家小轩窗,朦胧灯影下谁紧皱的眉。笔下的梦,仿佛已经在昨日尘埃落定，繁华而放纵的过往，仿佛已在岁月鼎沸里成了遥远而依稀的前世。曹雪芹无心追问，当年那个被安放在满堂金玉里的小小孩童，若是知晓未来的自己，将会一身青衫，行走于截然不同的贫瘠之地，是否会惶恐害怕。

或许在世人眼中，著述千万章或妙手千万人，还抵不上一顶乌纱。然而，在他心里，醉生梦死的生活穷奢极侈，仿佛快活至极，教世人垂涎欲滴；可他更愿意成为现在的自己，虽然穷困，可他的心，生活在贫瘠处，却是被温暖和感动充填得不知疲倦。他是从心底深处，钟情这样的自己，也热爱这样的生活。

第九章

自得其乐：秋光荏苒休辜负

第一节 相访：凭谁醉眼认朦胧

或许，人世间最令人觉得快活的事情，便是三五知己好友，久别重逢里，寻一处小酒坊，无须上等的佳酿，也无须名贵的佳肴，只要几坛烈酒，几碟花生黄瓜，借着酒性掏心挖肺地说说心里话，哪怕多么横行放肆，都可以放心倾吐，夜到三更里散场各自醉醺醺地回家。次日里清醒地回忆起昨夜光景，不由觉得无限畅意。

能够拥有可以放心说话，大胆放纵的朋友的人们，不管你们生活得光鲜或是卑微，耀眼或是平凡，请欢呼吧！不是所有的人，都能够有这样的幸运。

而曹雪芹，在这方面，却实在是一个上苍眷顾的幸运儿。他有许多朋友，他以真心相待，他们也同样以真心回报。在这些朋友之中，曹雪芹保持了他的真性情，也保留了他尖锐锋利的思想，他在这一泓碧海里，是自由自在的游鱼，始终畅通无阻。

搬到白家疃后，曹雪芹发现自己有必要去通知朋友们一声，他从熟人处知道，已经有朋友到自己家里找了自己多次，却次次都无功而返。于是，趁着一个晴好的日子,曹雪芹回到京城,打算将新家的地址,告诉好友们,顺便也小聚一二。

暌违多日,京城却依旧是那个京城,嘈杂喧嚣,永远都吸引着华夏九州的人们。曹雪芹顺着人流走,他先来到了敦敏家中,却发现扑了个空,不巧敦敏刚好这日也外出拜访友人。无奈之下,曹雪芹将自己迁居的消息告诉了明琳与弘晓,拜托他们将这个消息转告给其他朋友们。

敦敏回家之后,听闻这个消息,不由扼腕长叹。七月流火,敦敏的舅舅回到京城,他从福建回京,带回了不少好东西,这其中就有不少古玩字画。他想起了敦敏这位温文儒雅的外甥,便请他过来鉴赏,临走时又送了外甥几幅字画。但是,敦敏对字画方面的鉴定并不是特别精通,他便想到了曹雪芹。可没想到的是,接连两次去白家疃拜访曹雪芹,都未能遇上他,只好悻悻而归。

屡次拜访而不见,敦敏原本打算再抽空去探访,然而时间却过得极快,入冬之后西郊寒冷多雨,路上湿滑泥泞,并不好走,敦敏始终找不到合适的时机同曹雪芹好好地见上一见。还是另一位朋友点化了他,既然曹雪芹寻而不见,怎么不先去找在宫里作画的董先生,他亦是品鉴字画的高手。敦敏恍然大悟,当即抽空去拜访董先生,并且两人约定在他的懋斋品鉴字画。

为了准备这次聚会,敦敏可是费了不少心思。他特意外出买酒,又打算买一些上好的宣纸,以备不时之需。没料想,一踏进书店,便听闻一阵爽朗大笑。敦敏定睛一看,不由得又惊又喜。踏破铁鞋无觅处,那个放声大笑、放浪形骸的人,不正是自己屡屡拜访而不遇的曹雪芹兄么!

此次进京,曹雪芹是打算去于景廉家中瞧一瞧,他的风筝生意是做得越来越不错了,但他的问题也是不见少,这次前去,刚好可以帮他看看,没想到却被一个老朋友在这里碰到。热情的朋友非要请曹雪芹去他的家中坐坐,喝喝酒，聊聊天。曹雪芹推辞不过，两人拉扯不休，引得旁人纷纷驻足围观，却恰好碰上了敦敏，曹雪芹亦是觉得大喜。

彼此激动之下，自然是当即"勾肩搭背"地告辞而去。走在路上，两人各自告知对方上次分别后的近况，曹雪芹告诉敦敏，他这两年都在帮叔度做风筝生意，叔度便是于景廉的字，他在帮忙的过程中，也绘制了不少风筝，还创造出了新的风筝形制。而这段时间，他还写了一本叫作《南鹞北鸢考工志》的书，里面收录了许多不同种类不同样式的风筝，还绘制了图谱、编写了歌谣，希望能够借此帮助那些温饱都无法满足的人们。上次敦敏来白家疃的家中找他，他就是因为正在同叔度研究风筝而未能见上面。

这个话一说开，敦敏亦是滔滔不绝。他们已经有太久太久没有相见，虽然不是他乡遇故知，可到底彼此都屡次闭门而未见，心里积蓄了太多太多的话，无法说出。

敦敏亦将近来的事情告诉曹雪芹，他说，自己有个舅舅，前不久从福建回到京城，带回了许多字画，还请自己前去品鉴，可自己于字画上总是不大精通，不如曹雪芹在这方面亦是造诣颇深。自己的家中，还保存着舅舅送的几幅字画，却偏偏几次都碰不上曹雪芹，自己只能去请董邦达董先生来懋斋一聚，自己今日出来买酒，就是为了明天的聚会所做的准备。相逢不如偶遇，可巧今日碰上了，便一定要请曹雪芹过去看上一看。

有老友，有美酒，曹雪芹自然要欣然往之。他心下极是高兴，连忙同敦敏说："酒哪里用得着去买？我还有几坛极好的黄酒，放在叔度家中，现下去取来两坛以备明天聚会所用，岂不是正好！"

既然曹雪芹这样开口了，敦敏亦不是扭扭捏捏的人。两人相行，一路上谈笑风生，不知不觉便来到了于叔度家的铺子。三人都是多年的老友，相见之下，又是一番言笑晏晏。曹雪芹将自己写的《南鹞北鸢考工志》拿出来给敦敏看，敦敏仔细翻阅了每一个章节，每一张绘图，只见其中的文字浅显又见文采，易于背诵又朗朗上口，其中的绘图颜色鲜艳，琳琅如玉，一笔一画都见苦心，可见曹雪芹为了这本书，为了帮助贫苦之人，是花了大心思的。

曹雪芹自然是颇费了一番心血的。他一向都是严谨的人，凡事要么不做，若是下心决定要去完成，决计不会敷衍了事，匆匆完工，是非要一丝一毫都令人挑不出瑕疵来。《南鹞北鸢考工志》如是，《红楼梦》更如是。

正在两人谈论得兴高采烈之时，于叔度悄然推门而入，这位知己的朋友，对两人的脾性都是摸得极其熟透，知道若是此时有好酒好菜，那更是如锦上添花，于是趁着两人谈得浑然忘我之时悄悄出去，买了许多香气扑鼻的佳肴，还有酒，甚至还有一条鲜活肥美的鱼。

见叔度满载而归，两只手里都拎着满满的东西，两人回头看去，不由相视一笑。了解自己的，毕竟只能是多年的旧友。曹雪芹瞧了瞧叔度手中的鱼，倒是笑了，叔度道："你们相知多年，敦敏兄可知芹圃（曹雪芹另外一个字）的厨艺如何？"敦敏知道曹雪芹这个人天生资质聪颖，几乎上知天文下知地理，还能披上霞光彩衣咿呀而唱，记忆中仿佛没有他不会的事儿，可曹雪芹的厨艺，他还当真未曾见识过。

曹雪芹哈哈大笑，只说，也罢，也罢，既然叔度都说了，自己便献丑了。他起身，拎着鱼便往后厨走。都说君子远庖厨，熟读四书五经的曹雪芹却仿佛没有这样的忌讳。敦敏又是一番刮目相看，叔度笑道，难得你同他相交多年，竟然不知道他做得一手好菜，尤其是南方菜系，几乎可以说是色香味俱全。叔度一面说着，一面将曹雪芹为他制作的几只风筝样本拿出来给敦敏欣赏。

那几只风筝刚拿出来的时候，并没有什么动人之处，可是在小小的室内一字铺开，却顿时觉得流光溢彩，明艳婉转，连双眸的神色，都仿佛被染了一层晶莹的微光。当真是极美丽的风筝，那用色，那形制，那栩栩如生的燕子或凤凰，一只只都是世上难寻的精致典雅。敦敏一只一只看过去，只觉得满心的称赞，却一时找不到合适的词汇来，脱口而出一个"好"字，都似乎太过单薄。

就在敦敏沉醉于这些琳琅满目的风筝时，曹雪芹已经从厨间端出了菜肴，满满地摆了一桌子，最中间如众星捧月一般的正是一道鱼。

那条活蹦乱跳的鱼，全然已经看不见最初的模样，上面浇了一层香菇笋干等提鲜的东西，而鱼身上被划出了一道道小口子。只见曹雪芹提起酒壶，往鱼身浇了一溜黄酒，听得"噗嗤"一声，淡淡白烟飘起，一阵鲜香扑鼻而来，引得在旁的两人赶紧拿起筷子。可曹雪芹伸手，却不让他们动手。

正在彼此狐疑之时，曹雪芹拿起筷子，往鱼肚子上一划，一颗颗晶莹剔透的珠子从鱼腹中滚落，宛如洁白的珍珠。没想到这道菜里竟然还暗藏玄机，两人不免暗暗称奇，又拍手叫好。

三人一同坐下来，品佳肴，喝美酒，当真是不亦乐乎。在酒桌上，敦敏提出，希望叔度也能够来参加明天的懋斋聚会，不仅是去看看自己的字画，他还希望能在聚会上，向别人介绍曹雪芹的《南鹞北鸢考工志》和那些精美非凡的风筝。对于这个提议，曹雪芹和叔度都没有意见，能够让更多的人知道这本书，对于实现曹雪芹的初衷而言，亦是一件幸事。

酒酣脑热，醉眼蒙眬。那日，曹雪芹是否借着酒兴，挥笔泼墨，写下一时的酣畅？风雅的事，他素来样样都是手到擒来。《红楼梦》中黛玉善诗，宝钗能赋，惜春工画，大观园里结过菊花社，又办过海棠社，赏着菊花吃螃蟹又喝酒的是众姐妹们，醉卧海棠活色生香的是湘云，桩桩件件都极其温柔风雅。或许，在曹雪芹这个风雅人的心中，也觉得同好友们喝酒，是天下最快活的事情之一，所以他笔下的潇湘妃子虽然柔弱，可也能喝上几口小酒。

　　绿蚁新醅酒，红泥小火炉。杯中物，口中欢。他一饮而尽，饮下的不是千年的寂寞，是睽违的快活。

第二节 技艺：人生莫受老来贫

在洋洋洒洒的一百二十回《红楼梦》里，笔者尤其深爱第四十二章"蘅芜君兰言解疑癖，潇湘子雅谑补余香"，倒不是因为这一章格外的生动有趣，而是因为这里的黛玉和宝钗，情分极浓，宛如一对并蒂双生花，你言我语，各自软语俏然，不由得让笔者浮想联翩：倘若她们真是一双姐妹，长姐敦厚温柔，幼妹虽多病，却也伶牙俐齿，夜深了，两人可以一同说说话，风雨袭来时，亦能彼此相依。这样的想象，不知有多好，如画一般温情。

其实黛玉和宝钗的情分始终不坏，宝钗始终是一个大姐姐的模样，对黛玉多有呵护之情，只奈何造化弄人，她们原本可以成为最知心的朋友，最终却因为命运，因为太多无法掌控的因素，一个含恨而终，一个寂寞终老。笔者宁愿记得，她们含笑戏言的模样，将这一幕镌刻作永恒。

林黛玉忙笑道："可是呢，都是他一句话。他是哪一门子的姥姥，直叫他是个'母蝗虫'就是了。"……宝钗笑道："世上的话，到了凤丫头嘴里也就尽了。幸而凤丫头不认得字，不大通，不过一概是市俗取笑，更有颦儿这促狭嘴，他用'春秋'的法子，将市俗的粗话，撮其要，删其繁，再加润色比方出来，一句是一句。这'母蝗虫'三字，把昨儿那些形景都现出来了。亏他想的倒也快。"……黛玉道："论理一年也不多。这园子盖才盖了一年，如今要画自然得二年工夫呢。又要研墨，又要蘸笔，又要铺纸，又要着颜色，又要照着这样儿慢慢地画，可不得二年的工夫！"……宝钗笑道："'又要照着这个慢慢地画'，这落后一句最妙。所以昨儿那些笑话儿虽然可笑，回想是没味的。你们细想颦儿这几句话虽是淡的，回想却有滋味。我倒笑的动不得了。"

容笔者猜想，当曹雪芹写到此处，亦是觉得满纸的温馨柔软，这样如花的流光，谁忍心摔碎？这段温情笔墨，他回头翻阅，或许也回忆起了当年懋斋聚会时的光景。那时，他还不老，敦敏也精神十足，还有许多人的模样，在时光里都不曾模糊，还鲜明，还清晰，还宛如就映在昨日。

那是清乾隆二十四年（1759）的十二月二十四日。马上就到年关，街上到处都是一派喜庆模样，天还没有亮透，就隐约传来了鼎沸的人声。这天，敦敏起了个大早，曹雪芹也起来了。两人来到门口，打算将曹雪芹制作的风筝挂在门口，好让前来的宾客一眼就看到这些精致的艺术品。

可下人们不论怎么挂，都挂得不好，还是曹雪芹自己动手示范，让人找来了三根长绳子，然后悬挂在屋檐下，最后再将风筝一只一只挂上去。等到风筝挂好，敦敏又惦念起了上次曹雪芹做的鱼，遂曹雪芹又到他府中的厨房去，将鱼的烹制方法告诉他府上的厨师。

这日，天气并不冷，甚至出了太阳，点点的金光洒在微微打爽的草木上，折射出一瞬洁净的泡影。来得最早的一位朋友，同敦敏寒暄过后，竟然问道，那位站在门口的漂亮姑娘长得很是面生，不知道是哪里来的？

敦敏狐疑地回头一瞧，不由得哈哈大笑，那哪里是姑娘，是曹雪芹挂在门口的美人图样的风筝，因为做得栩栩如生，毫发不差，居然一出场，就被人误认为是真人。那位朋友走近一看，顿时惊叹不已，得知这个风筝是出自曹雪芹之手后，更是赞不绝口，没想到曹雪芹竟有这样的本事。

不久，敦敏为了这场聚会请来的董邦达也姗姗而来，这时，曹雪芹也从后厨回到了前厅，这场盛会，总算是到齐了各路主角。各自登台亮相后，府中的仆人们小心翼翼地捧着字画上来。

其中一幅叫作《如意平安图》，是宋代画家李龙眠的作品。只见画上，画着一个胆瓶，瓶子里有两支洁净细腻的荷花，带着三片荷叶，此外还绘了几支青翠欲滴的竹子，花叶相衬，极其明净雅致。在胆瓶一边，还有一盘灵芝，灵芝旁边的盘子里，则盛着佛手。众人一瞧，都觉得画心盎然，画工亦好。在画的右上角，有四个字"如意平安"，左下角则是两枚印章。看上去，并不像是赝品。

此画的真伪，连董邦达这样的专业人士，亦是沉吟不语，许久后询问曹雪芹，对此画有什么看法。曹雪芹连忙躬身道："这幅画说起来，确实是一幅佳作，但是……"他细细斟酌，终于说出了他的看法，李龙眠虽然是画中高手，可他生平并不喜欢画花卉草木，一般都是画人物居多。而这幅画中的胆瓶，显然是元代的样式，如何能够出现在宋人的画作中，这幅画应该是一幅后人借前人之名仿制的画作。

听完曹雪芹的意见，董邦达十分高兴，这幅画虽然画得不错，但李龙眠是宋时名家，绝不会将荷花竹叶佛手灵芝等东西画到一处去，显然并非是李龙眠的画风。曹雪芹能够将他心中所想说出来，不仅出乎他的意料，也让他对这个后辈刮目相看。到底是世家子弟，在各样的珍品中熏陶长大，对艺术的鉴赏能力，几乎是无师自通的。董邦达含笑看着曹雪芹，不吝大加赞扬。

在众多的画作中，众人只品鉴出一幅真迹，明人商祚之的《秋葵彩蝶图》，而其他的画虽然看上去亦是佳作，可大多都是借前人之名的伪作，收藏价值并不高。这个定论，是曹雪芹和董邦达一同商讨出来的结果，在讨论的过程中，董邦达愈发欣赏这位传言里有些"浪荡不羁"的落拓子弟了。

赏画毕，恰是饭点。一时仆从如云，桌上满是美酒佳肴，席间觥筹交错，言笑阔论，比起千年前兰亭盛宴，亦是有过之而无不及。

席间，敦敏谈起了曹雪芹的《南鹞北鸢考工志》，董邦达由衷赞叹："世间能够如曹雪芹一样，有达则兼济天下，穷亦兼济天下之心的人，实在是不多乎！"恰好刚上来一道鲜鱼，正是曹雪芹下厨指导之作，得知曹雪芹还有着一手的好厨艺，董邦达又大加赞赏，夸赞曹雪芹正是大清的曹子建，古人夸曹子建是天下才共有十斗，其中有八斗都在子建身上。用曹子建来夸曹雪芹，在当时而言，不能不说是一个十分高的评价了，而这个评价，曹雪芹也诚然担当得起。

可敦敏不免还是有些遗憾，他原来打算让曹雪芹在众人面前一展他放风筝的绝技，让大家瞧瞧，这位才子不仅会做出惊才绝艳的风筝，就连放风筝的手艺，亦是千载难逢。只可惜，天公不作美，这个大晴天，此时竟然是一丝风都没有。得知敦敏的遗憾所在，曹雪芹安慰道："不必担忧，今日下午必然有风。"

他望了望蔚蓝的苍穹，笑道："今日清晨，丑时刻有劲风起，寅时落；卯时此风由西北风转成北风，到了天亮那会儿，这风就会从北风吹成东北风，京城的风大多遵循这条规律，我观察了多日，应该是不会有错的。"

虽然曹雪芹这样说，然而大家依然是半信半疑，这人若是连天气都能够预料，岂不是成了诸葛亮在世？就在大家表示怀疑的时候，只听得窗纸一阵"沙沙"的声音，轻快而干脆，如同一首明丽的歌谣。有小厮匆匆来报："爷！起风了!"众人纷纷出门瞧去,果然是起风了,悬挂在屋檐下的风筝,正随着风声左右摇晃,好似染了点人气,格外活泼。

既然天公作美,又岂能辜负这好时光,大家连忙推着曹雪芹,要看一看他的放风筝绝技。曹雪芹并不推辞,拿起挂在屋檐下的一只苍鹰,借着风势,很快,苍鹰开始徐徐地飞上蓝天,仿佛就要同蓝天融为一体时,却见苍鹰忽地俯冲而下,又忽地青云直上,宛如当真是一只骄傲的雄鹰,正从容不迫地驾驭着自由的风。只见曹雪芹行云流水一样地操纵着手中的引线,一会儿后苍鹰以极快的速度往下滑落,就在众人将要发出惋惜的喟叹时,曹雪芹微微一笑,将手中的引线高高举起,作力拉动,苍鹰即刻之间恢复了活力,重新飞上了天空,直上云霄。

看到此处,大家不由得连声叫好。其实众人在方才就已经看得目瞪口呆,此时更是拍案叫绝,叫好声不绝于耳。敦敏不由感叹,曹雪芹的《南鹞北鸢考工志》还有可能流芳百世,造福于后人,可是他这门放风筝的绝技,却是无人可以继承了。董邦达亦是赞同道:"诚然,若不是我亲眼所见,我也不相信这世间还有人能够将风筝操控到如此出神入化的地步。"

正在众人对曹雪芹的绝技赞不绝口时,于叔度姗姗来迟,之所以迟来,他心里亦不是没有思量的,是他自己以为自己已沦落到以卖风筝来养家糊口的地步,一个小商贾,跟这样一群文人雅士一同吟风弄月,自然是有些格格不入的。因此,他故意来得迟了一些。

他这一来,又带来了几只风筝请大家欣赏。这些风筝样样都是精美绝伦,却唯独有一只叫作"比翼燕"的风筝,吸引了董邦达的全部注意力。他走到那只风筝前,细细打量,时而全神贯注,时而又面露犹疑,最后指着风筝里翩跹在花丛深处的一只蝴蝶,问曹雪芹:"你这种笔法我活了这么多年,竟然从未见过，可是你自创的笔法？"

曹雪芹看了看，无奈地回答道："这可是不得已而为之。这里要用的两种颜色实在是太过于接近，用传统的笔法没办法将它们分开。我只好借鉴了一种西洋画法，叫作'迷笔'，然后汇合中国画技的传统笔法，才画出了这只蝴蝶。在下不才，班门弄斧，还请你不要见笑。"

哪里能够见笑呢？董邦达是赞叹都来不及呢。这只蝴蝶栩栩如生，翅膀上的脉络都几乎清晰可见，宛如那不是画上蝶，反倒像是一只活生生的蝴蝶，飞到风筝的花深处。而退开几步瞧去，那只蝴蝶又好像是在翩翩飞舞，上下翻飞，侧耳倾听，仿佛还能听到微微的风声，那是它在扇动翅膀的声音，令人不由猜测，或许下个瞬间，这只蝴蝶就要从风筝里破纸而出。

董邦达重新拿起桌上的《南鹞北鸢考工志》，此时，他是真正仔细地将这本书当作一个艺术品来细细欣赏了，当他看到其中一幅叫作"宓妃"的风筝时，对其上色彩鲜明如若阳光的画法，十分生疑。作为一名画家，他对任何有关画法的事情，都具有强烈的好奇心。

所幸曹雪芹并不藏私，他耐心同董邦达解释说：自己是用了一种叫作"复色明暗"的画法，这种画法流传得甚少，但并不是失传了，自己家中有一本《织造色谱》，里面就有关于这种画法的记载，他用别的颜色来代替主色，各自层次分明，深浅不同，就能够达到现在这个效果了。

如此人才，竟然流落在外，董邦达觉得格外可惜，于是开口邀请曹雪芹来画苑工作，能够有自己帮忙，想来也能顺风顺水，总比他孑然一身飘零在外的好。然而，曹雪芹却婉辞了这个邀请，他并不是没有出仕的机会，然而他的心，已经早早对名利富贵失去了兴趣，他更愿意自由翱翔在广阔的天地之间，无所拘束，没有什么可以令他违背本心地去卑躬屈膝。

董邦达亦是性情中人，得知曹雪芹的心意后，虽然惋惜，也并不强求。人生在世，哪里能够事事如意，能够保持本心，无论何时何地都能够觉得自由快活，就已经是最圆满不过。他很高兴，曹雪芹可以从容地生活在清贫之中，不以为惧，不以为忧心。

　　后来，董邦达亦是成为了曹雪芹的知己。他为曹雪芹的《南鹞北鸢考工志》亲自作了序，在序言的最后，他这样由衷地提笔：愚以为济人以财，只能解其燃眉之急；济人以艺，斯足养其数口之家矣，是以知此书之必传也。与其谓之立言，何如谓之立德。

　　一场盛宴，曹雪芹在其间大放光彩；一场花落，他又收获了一位好友。大放异彩声名赫赫未必是他所欲，可多了一位知己好友，却是他心中最为愉悦的事情。

第三节 寻亲：桃枝桃叶总分离

"山一程，水一程，身向榆关那畔行，夜深千帐灯。风一更，雪一更，聒碎乡心梦不成，故园无此声。"

这首《长相思》，是清代词人纳兰容若的手笔。说起来，这位同样惊才绝艳的词人，还是曹雪芹祖父曹寅的知交好友。却可惜，清代最富有文学气息的两位文人，却因为时间的阴差阳错，并未有过任何的交集。君生我未生，我生君已去。想来，读纳兰词时，曹雪芹未必没有这样的感叹。

其实笔者总是觉得，《红楼梦》里宝玉茫茫雪地拜别老父，而后大雪无痕，青山隐隐无处寻觅，用这首《长相思》当作背景，贴合得宛如天衣无缝。都是几分凄凉，几缕沧桑，几许悲怆，回首平生几多浪荡，唯有风雪如故。

幸好，曹雪芹虽然不曾与纳兰产生过任何撞击，他依旧有许多好友，了解他，欣赏他，甚至能够察觉他心里的细微变化。他的好友张宜泉，就曾写过这样一首诗：

爱将笔墨逞风流，庐结西郊别样幽。
门外山川供绘画，堂前花鸟入吟呕。
羹调为羡青莲宠，苑召难忘立本羞。
借问古来谁得似，野心应被白云留。

张宜泉写下这首诗的那一年，正是懋斋聚会那一年。那时，曹雪芹离开京城，返回家中的途上，绕过海淀，遇上了张宜泉。两人亦是许久未见，于是趁欢秉烛夜谈，直至鸡鸣天亮。

那夜，曹雪芹无意中说到董邦达邀请自己去画苑的事情，张宜泉倒是觉得这个机遇不错，如果能够前往，未尝也不是一条出路。然而他深知曹雪芹的个性，他是个不受约束的浪子，现在还能逍遥自在地四处行走，显然是拒绝了董邦达的邀请。曹雪芹走后，张宜泉想起此事，不免有所感叹，世上追求功名利禄的人那么多，多少人为了区区一官半职闹得鸡犬不宁，而曹雪芹却将送上门来的机会宛然推拒，这样的勇气，并不是每个人都有的。

心中有感而发，于是提笔写下了这首诗。

告别老友后，曹雪芹回到家中。这个年头，过得倒是平静无忧，转过年来，却有人从南方来，捎来了一个信息，说是曹雪芹的表妹，竟然流落江南，辗转不知下落。曹雪芹得知此事，心下焦急，当即准备行囊，将儿子托付给住在西郊的老父，打算不日就出发南行，寻找表妹。

这位姑娘姓李，大约是曹雪芹舅祖李煦的孙女，名叫兰芳，号芳卿。曹雪芹幼年时常在苏州居住，这位表妹同他青梅竹马，两小无猜，时常一同嬉戏玩耍，感情极好。若不是命运弄人，蹉跎岁月，当年雍正调查亏空案，致使两家没落，李家更是元气大伤，这对原本打算定亲的小儿女，因此失散，天各一方。

清雍正二年（1724），皇帝下令将李煦的家人奴仆尽数押送入京，这一行人，原本记载一共有十四人，芳卿，就在这十四人当中。然而，到了京城，十四人竟然只剩下了十个人，这四人究竟去了哪里，是在路途中无意失散，还是被暗中送给了哪户人家，都无法得知。而失踪的四人里，便有芳卿。这件事，无可奈何之下的皇帝没有追究，然而，芳卿却就此同亲人们失去了联络。

曹雪芹已经记不大清她的模样，分别时他们都还小。往事被披了层朦胧月光，月色里，她依旧是一个小丫头，鬓角柔软，眼眸乌黑婉转，如同两丸水银，回过身来，却已是长成后，只是模样遥远，终不得真切。

想到此处，他的心里有点微微的刺痛。年少时的情分，积累成多年的挂念，他突然很想知道，久别的这么多年，她一人流浪在江南，可曾吃苦，可曾受伤，可曾半夜里醒来孑然而坐，听着冷冷的秋风独自落泪。他是记得，她从小就是个倔强的姑娘，从来不肯在人前落泪的。

他一路风尘仆仆，舟车劳顿，不敢耽误片刻，生怕迟了几许，表妹的消息就此断了。可是，好事多磨，到了瓜洲渡口，江上下了大雪，江面上结了冰，所有的船只都被停滞在岸边，无法渡河。无奈之下，曹雪芹只好先行在瓜州住下，等到天气好转，再想办法。

客栈是一家叫作"沈家老店"的店子，曹雪芹住在这里，心急如焚。可大雪依旧不停落下，天地之间很快都是一片深芒冷色，皓皓的江面上，连一叶孤舟都没有，只有岸边的芦苇，被吹得东倒西歪，发出啸啸的风声。到了这个地步，曹雪芹也只能放宽心，多耽搁几日了。

几日后，曹雪芹下楼打酒，只见一个颇见富贵的中年男子推门而入，店里一片殷勤问好声，都在叫着"沈老板"，想来就是这家店的主人了。从他们的言谈中，曹雪芹得知，沈家是当地的富户，半条街都是他的产业。

曹雪芹无意攀富贵，可这位沈老板竟然一眼就看出这位客人并非常人，目光落在曹雪芹身上，便朝他走来，作了个揖道："在下沈铭，正是这家小店的主人，见兄台气度非凡，能否交个朋友？"

既然对方都开口了，曹雪芹亦不是傲岸之人，答道："在下姓曹，名霑。"

没想到沈铭竟然接着问道："莫不是曹寅老先生的后人？"这次，倒是轮到曹雪芹愕然了。沈铭见状，便解释说，当年曹寅在江南为官，官声极好，也为江南百姓颇是做了一番事情的，瓜州的百姓，便深受他的恩德。而沈家祖辈曾有人在织造府曹寅手下当官，因为一些事情，受到过曹寅的帮助，从此沈家便留下祖训，若是遇上曹家子弟，必然要以礼待之，尽可能地帮忙。

当真是前人栽树后人乘凉。曹雪芹感叹命运机缘，有时候亦是十分凑巧。当即，沈铭邀请曹雪芹去自己的家中小住，他十分热情，曹雪芹推辞不过，只好收拾行囊，住到了沈铭家中。沈家是当地屈指可数的富户，住宅豪华，堪比王府，家中仆从如云，俨然一派盛大气象。

沈家将曹雪芹当作上宾，极尽招待之事，又得知曹雪芹南下是为了寻找表妹，于是沈铭便派人在渡口附近严加打听，希望能够帮曹雪芹早日找到李大姑娘。没过几日，就有伙计匆匆赶来，说是不久前有一位女子路过这里，长得同曹雪芹所说的李大姑娘十分相似，她已经过了江，朝着京城方向去了。

难道就这样阴差阳错地错过了？曹雪芹霍然起身，就要去追那位女子。还是沈铭劝阻说，那位姑娘也不见得就是曹雪芹要找的表妹，反正过了江，苏杭两地近在咫尺，既然都这样千里迢迢地来了，如果不故地重游一番，岂不是白糟蹋了这一程的辛苦？他建议曹雪芹继续南下，一方面继续找人，打听消息的虚实；另一方面也可好好重游故地，看看儿时的故乡如今是什么模样。

也只能如此行事了。

不日，曹雪芹告辞沈家南下。而昨日，他在沈铭的书房中，留下了一幅《天官图》，图上的天官细腻逼真，栩栩如生，一笔一画都恰到好处，需要粗疏的地方就一笔带过，需要细腻处又毫发皆明。这幅画，被沈家细心收藏起来，保存至今。除了《天官图》之外，曹雪芹还留下了一些墨宝，这些都被沈铭当作传家宝，一代一代地传了下来，成为了珍贵的历史文物。

为了照顾曹雪芹，沈家还派了一个小厮，随同曹雪芹南下江南。此时，雪已经化了大半，江上也开始恢复交通，趁着微亮的天光，江水粼粼如画。曹雪芹从瓜州上了船，一路南下，路过镇江、金山、苏州等地方。

江南的风景，还是他幼时记得的温婉模样，一山一水，都和北地的大相径庭。如果说北地是大开大合的凿刻，那么江南的风烟，更像是一笔一画的雕琢，一点一滴都汇聚着天地间最动人的灵气，杏花烟雨，碧水如镜，每一处，都可以入诗入画。故地重游，自然免不了心中伤感。多年前，在这里长大的曹雪芹，是个富贵乡里不知愁的小公子；多年后，之于这里只是一名过客的他，已是饱经风霜的中年男子，他的眼眸里，已堆积了无数悲欢甜酸，唯有笑容，还是一如既往的从容和洒脱。

然而，感叹往事不是最主要的目的，当务之急还是要尽快找到表妹。但是，当曹雪芹找遍了苏州、扬州后，却发现还是没有找到表妹的踪迹。她像是从天地间就这样消失隐去。急切之下，曹雪芹只好去拜访了一些幼时的朋友，还好这些朋友都愿意帮忙，多方打听之下，他终于确定，表妹已经离开江南，北上来寻找自己了。既然如此，曹雪芹也就不着急了，干脆又在金陵多游玩了几日，同多年不见的老朋友们，把酒言欢。

多年的北方生活，已经把这位生长在江南的曹雪芹彻彻底底变回了北方人，在江南游玩了多日后，他开始思念自己的家。他明白，是时候登舟起航，回到故乡了。沈家人已经早早地就给曹雪芹备好船只，只等他决定返乡，就可以遥遥北上了。而一路上的舟楫费用，慷慨的沈家人都已经悉数准备好了。

曹雪芹在船上生活了一段时间，看着江南的美景，一路上渐渐变成自己所熟悉的北国风光，这一趟南游旅程，已经接近了尾声。虽然还没有找到表妹，可他相信，他们终究会在京城重逢。等到了张家湾，船停了下来，京城已经就在前方了，不用半天工夫，曹雪芹就可以回到他所熟悉的京城了。

他随着人流，走到城门下。他走了大半年，从春光明媚的日子开始，离开了喧闹的京都，一路上随波逐流，穿越了水田漠漠的夏季、枫红如血的秋天，在大雪纷飞的时节重游了温柔的江南，又在春风新绿的季节，回到了他的京城。而这里，依旧是一派繁华如织的模样，柳叶依旧绿着，桃花依旧娇艳着，就连巷口的酒旗也依旧飘扬着，只是看上去，旧了几分。

他走了这么久，却好像从来没有离开过。内心深处的惗熟，在春风里复苏。

第十章

晚年暖色：多情伴我咏黄昏

第一节 续娶：淡极始知花更艳

这首完整的诗是这样的：珍重芳姿昼掩门，自携手瓮灌苔盆。胭脂洗出秋阶影，冰雪招来露砌魂。淡极始知花更艳，愁多焉得玉无痕。欲偿白帝宜清洁，不语婷婷日又昏。这一句，"淡极始知花更艳，"语气和字眼都清淡和气，好似泰山崩于前也不色变的从容，就是这样的寻常里，却见得璞玉样的真章。

这是宝钗在海棠社中写下的《咏白海棠》，后来许多人都愿意用这句诗来形容她，温柔敦厚，沉静大方，进退得宜里更是惹人怜爱。想必，这样的女子，曹雪芹亦是十分喜欢。张爱玲有一段著名的话，论男人心的莫测和无奈，她说："也许每一个男子全都有过这样的两个女人，至少两个。娶了红玫瑰，久而久之，红的变了墙上的一抹蚊子血，白的还是床前明月光；娶了白玫瑰，白的便是衣服上沾的一粒饭黏子，红的却是心口上一颗朱砂痣"……之于女子，不是不悲凉的。

或许，在曹雪芹的笔下，黛玉是一颗朱砂痣，血肉相融地贴在心口，一起温热，一起冰凉，一起走向飞灰湮灭；宝钗却是一抹明月光，温柔地照亮了心房,在冰冷的余生里,种植出方寸荷塘,脉脉生香。他笔下的两个女子,折射入现实,宛如经过他生命里的两个女子,前妻是朱砂痣,续弦是明月光。任是谁,都是此生命魂中不可或缺的一部分。

前妻是结发的妻,三生盟约,今生缘浅,早早便撒手人寰而去,徒留一厢旧梦以供追忆回味,梦醒时分,到底枕畔孤冷;续弦是青梅竹马的表妹,兜兜转转,在尘世里彼此失散了多年,久别重逢,终究是执手相看泪眼。

曹雪芹是在京城寻到她的。回到京城之后,仍然并未放弃寻找表妹的曹雪芹,经过多方打听,终于有朋友告诉他,仿佛在西直门外的一家酒馆中,曾见过一位姑娘,容貌仪态同曹雪芹口中的表妹十分相似。曹雪芹闻讯后,即刻十万火急地从白家疃赶回京城,直奔西直门。

其实是有些近乡情怯,他的手,轻轻搁在门板上,许久都不敢推门。那一刻,时间仿佛精致凝固,他在那瞬间突然有点恍惚,记忆里表妹的模样,竟然模糊得仿佛要飞散而去。他只是害怕——如果没有看到自己想要的结果,如果朋友看错了人……那自己该怎么办呢?他站在人来人往的街道边上,怔忡了很久,才有勇气推开门,一寸一寸地搜寻那个陌生又熟悉的声音。

这么多年过去,她应该是长大了。没等他搜寻完毕,一双水濛濛的眼睛,已落入了他的双眸里,那双眼睛,就这样直直地望着他,渐渐地染上了三分悲凉,三分欢喜,三分犹疑和一份苦涩。隔着小二拖得极长的跑堂声,厅堂里丝竹快板清脆的咿呀声,还有彼此恍若惊雷的心跳声,在一场兵荒马乱里,他认出了他的姑娘。

样貌分明亦是大姑娘的模样,可眼睛里,依稀还有幼时的清澈和倔强。他慢慢地走过去,带一丝小心翼翼不敢惊动的精心:芳卿?她仰起头,嘴角旁露出两个小小的梨涡。曹雪芹终于松了口气,这一年的跋涉和辛苦,都有了着落,像是一个刻苦的孩子，看到自己成绩出炉的那一刻，心里不由滋生的快意。

虽然已是不折不扣的大姑娘，可李家姑娘言谈话语间还是如幼时一般明快爽朗，两人各诉衷肠后，她给表兄引见这家酒馆的主人。原来这间酒馆，是李家的旧仆开的。当年李家即将没落，李煦不忍所有仆从跟着家族一同覆没，于是赶早将几个心腹打发出门，以免被连累。这几个老仆大多回到了老家，却有一位来到京城，他心里头打着个主意，盼着旧主被发落回京城，自己多少也可以照顾一二，没想到旧主被流放到边关，没法之下，他开了家酒馆来维持生计。

李姑娘回到京城后，想要找到表兄曹雪芹，也是这位旧仆，热心帮忙打听，得知曹雪芹定居白家疃，便亲自过去探访，没想到那时曹雪芹已经离开京城，南下寻亲去了。这样一来，也只能感叹一句阴差阳错了。幸好旧仆念着旧情，挽留李姑娘住在自己家中，细心照顾，无微不至。

曹雪芹得知表妹这些年的经历后，自然想要将表妹接回家去，毕竟这世上，她已经没有别的亲人了，关系亲厚的，也唯有他而已。可要将她妥善安置，到底需要一些时间。于是，他请店家再关照表妹一段时间，自己则先走一步，回家去看看有什么需要添置的。

回家途中，路过明琳的养石轩，想起自己回京之后，还未曾见过朋友们，于是曹雪芹阔步进去，想要同明琳一叙，不想敦敏也正在此处，正同明琳谈笑风生。三人一见，自然又是一番欢喜。特别是在听到曹雪芹娓娓道来的南行经历时，两人都流露出了向往之色。

曹雪芹南行的目的两位好友都是知道的，于是在听完曹雪芹的南行趣事后，敦敏赶忙询问，那位表妹可否已经寻到。曹雪芹不置可否，却笑道，那不是在江南寻到的，江南没找到，倒是在京城碰上了。这事儿说来也算稀奇，敦敏连忙追问到底是怎么一回事，得知真相后，他不由惊叹：失散了多年还能重逢，这已经是天下奇事，更巧的是两人彼此兜兜转转，错过了还能在同一个地方相遇，可见这是上天的旨意，这两人是天作之合，注定要成为夫妻的！

敦敏这话一说出来，明琳便大笑拊掌，连声道，本该如此，本该如此。为了此事，敦敏还特意作了一首诗，其中有一句，"故交一别经年阔，往事重提如梦惊"，将曹雪芹和李姑娘之间的缘分，道得一清二楚。虽然失散了很久，这么多年的时光里，两人却都未曾放弃过彼此，不管在天涯还是海角，都深深牵挂着对方，这不正是相爱的证明，不正是相守的前兆么。

很快，这件事情也传到了曹雪芹众多友人的耳中，这些朋友，个个都是人精，哪里能看不出曹雪芹和李姑娘之间流转的情愫，于是开始横撮合敦促这对有情人，催着让曹雪芹赶快去将李姑娘迎娶回家。一个是鳏夫，一个是孤身，分明便是老天刻意为之的一双璧人，有这样辛辛苦苦地相逢，如何能不相守一生呢？

于是，曹雪芹在取得了父亲的同意后，选定了一个好日子，将李姑娘迎娶了回家。婚礼很简单，很朴素，就在自家小小的房子里，请上一些好友，聚一聚，会一会，便算过了门。简朴的是礼仪，隆重的却是两个人的心意。那天，亲朋好友都来了，济济一堂，有的带来了美味佳肴，有的送来了一些礼金，还算是张宜泉最为别出心裁，送了两坛美酒，还有一对书箱。

到底这份礼物与众不同，大家纷纷凑上前去欣赏，只见那两只书箱是黄松木做的，一般的书箱上都有刻字或绘画，然而这对书箱，干干净净，素面朝天，似乎是刚刚从工匠手中制作完工的。正在众人狐疑不解的时候，张宜泉朗声道："今天是芹溪的大好日子，这对书箱，可不是我故意来捉弄他的，我有一个好主意，不过到底怎么实施，还需要新郎官自己来动手。"

众人更加迷惑不解。在大家的一再追问下，张宜泉道："我不是想么，芹溪时常将自己比作顽石，而新夫人的闺名里，又有一个'芳'字，若是能够画一幅画，画一丛兰花，依着一块顽石的样子，岂不是极好的。"张宜泉的建议虽然没有什么新意，可却是十分应景的，《红楼梦》中的木石前盟，恰好被应和。曹雪芹听完，心下一动，亦是觉得这个想法妙极。

张宜泉又道："我想，曹雪芹是一个多才多艺的，他这门婚事来之不易，不如就请他自己在这对书箱上雕刻上这幅画，最好还能刻上一首诗来附和之，我连诗都给写好了——并蒂花呈瑞，同心友谊真。一拳顽石下，时得露华新。"

话音才落，众人纷纷叫好。不仅是为张宜泉的诗才，也是为他的新奇主意，还为了这对新人的新婚之喜。曹雪芹也觉得这个主意甚好，当即提笔研磨，在纸上勾勒作画。有人抢先以先睹为快，只见雪白的宣纸上，墨迹淋漓，笔锋清瘦，细细作出一丛清秀葳蕤的兰花，继而，一块嶙峋怪石跃然于纸上，形容之间，一派铮铮傲骨，同曹雪芹平日里作画的意境，如出一辙。

一时画毕。曹雪芹丢开画笔，随意抓过一支毛笔，摊开新纸便挥毫长书，笔墨如同一泻千里，快意畅通，毫无所阻。他写的，正是方才张宜泉所作的那首诗《题芹溪居士》：并蒂花呈瑞，同心友谊真。一拳顽石下，时得露华新。他的笔锋锐利，一如寒光熠熠，似乎有力透纸背的千钧力道。这个曹雪芹，当真是一贯的刚烈傲岸，嫉恶如仇，纵使是在新婚之夜，也不将心稍微放软，一幅画画得金戈铁马，一首诗也写得铁衣清寒，一旁观看的敦敏觉得好笑，忍不住道："既然如此，我也来给你题诗一首。"

他朗朗而来，带一点微软的笑意和赞赏："傲骨如君世已奇，嶙峋更见此支离。醉余愤扫如椽笔，写出胸中块垒时。"

这首诗，亦是写出了曹雪芹的性情。仿佛在字里行间，可以看到曹雪芹的刚烈、铮铮铁骨，傲岸脾性。敦敏极其了解自己的这位朋友，他是不适合做官的，这样的脾气，并不适合在需要虚与委蛇的官场生存。何况，自古以来，能够写得好文章，做得好诗，画得好画，还能精通医卜星象的人，能够有几个呢？不如就此肆意山水间，做一个自由自在的人，到死都是自由的灵魂。

曹雪芹望着这群好友，忽然觉得，此时的自己竟然是那样的幸福。有一个词叫作苦尽甘来，他觉得，自己便是苦尽甘来了。因为许多事情，他经历过太多悲伤，也曾流过极其苦涩的泪，那时的他，以为自己此生再也无法展颜。可幸好，一切都已经过去了，他有一群世界上最了解自己宽容自己的朋友，而就在数步之外的地方，还有个粉妆如桃花的新娘，正在巧笑嫣然地等待着自己。若是这样的生活，是对此前所有的痛苦伤心所作的弥补，那么，他想，他是愿

第二节 聚饮：珍重暗香休踏碎

那是曹雪芹一生中，最美好的时光。

美好的生活，是一坛醉人的酒，等闲沉醉，而不自知。新婚宴尔时，最是迷醉时节。日子如流水而过，可每一天都是那样的温柔静谧，曹雪芹只恨时光太快，不能细细品味其中隽永甜美的滋味。

妻子是一位知书达理的大家闺秀，难得的是她是了解自己的丈夫并且信任他的，在一段婚姻中，这点尤为重要，宽容、平和、不抗拒、不勉强，往往是维持一段典范婚姻的重要谋略。于是，她在成为曹雪芹的妻子的同时，亦成为了他的朋友和知己，两人在清贫之中，相濡以沫，相依相守。

曹雪芹的《南鹞北鸢考工志》还没有彻底完工，这时候，妻子便成为了丈夫最得力的助手，她在一旁红袖添香，帮忙整理图谱，校对文字。她是真心喜欢这项工作，一来是因为女孩子的天性，总是喜欢那些漂亮的东西，恰好曹雪芹绘制的风筝，样样都是精美绝伦；二来每当夫妻俩一起埋头工作时，总是格外温柔缱绻，有时还不免都要回忆起两人幼时，一起在苏州的园子里放风筝，两小无猜的模样，趁着红烛光浅酌轻吟，两人会心一笑，彼此心意相通。能够感知对方的心意，甚至都不需要言语，一切都在笑意和眼神中流转，这本来就是极其美好的事情。

妻子甚至还建议丈夫，既然他有帮助穷人自立的心意，只凭一门做风筝的手艺，到底还是不够的，不如将其他本事也像《南鹞北鸢考工志》一般整理出来，让穷人参考学习，多一门谋生的手艺。妻子的这个建议极合曹雪芹的心意，其实他也早已动过这个念头，只是手头的工作还没有完成，他无法开始着手罢了。

既然妻子都开了口，他又何乐而不为呢？他的爱好十分广泛。幼时家中藏书甚多，他日日苦读，博览群书，在回到京城后，这个习惯也不曾改，看到有意思的事情，好奇了，就非要打破砂锅问到底不可。这就使得他能够精通和擅长许多技艺，除了琴棋书画外，手工艺更是精妙无双。

他决定专门编订一本书，将自己所精通的手工整理成册，用以更好地帮助那些需要帮助的人们。在这项漫长的工作中，妻子也贡献了自己的一分力量。她是女红的行家里手，别的地方曹雪芹还可以说是大师，可在这方面，他就不得不承认妻子的本事，还远在自己之上了。她帮忙整理曹雪芹书稿中关于编织的内容，蕙质兰心的她甚至还整理了不少织锦纹样，这些都是她幼时在江南学过或是看到过的样子，有些甚至已经绝迹，她这样毫无保留地贡献出来，亦是和丈夫怀着同样美好的希冀。

有妻如此，是曹雪芹一生的幸运。

这段时间，他过得非常的充实。小儿逐渐成长，他已经开始教他读书写字，而孩子也聪明伶俐，字已经写得很是端正，可他得当一个严厉的父亲，有时未免有些苛求。这时,妻子便含笑出来,柔声安慰孩子,偶尔娇嗔几句,轻轻松松便化解了一场小小的家庭风波。

这才是一个家应该有的味道:温暖、柔和,有孩子的啼哭吵闹声,也有女人的软语浅笑。曾经的伤痛渐渐被岁月里的温暖弥合,有了再度萌发了幸福的味道。

朋友们也时常到家里来,有的朋友住得近,就来得频繁一些,譬如张宜泉,而敦敏、明琳等人住得远,倒是难得一见。这分别的时间久了,相逢的时候,自然是格外亲昵。

有一次,敦敏、敦诚两兄弟赶来城外探访,恰好曹雪芹外出归来,三人重逢,哪里能够忍得住不去喝酒,可此时家中无酒,曹雪芹便邀两人去村外的小酒馆一聚。那个小酒馆,是他时常要去的地方,老板都几乎跟他成了朋友,一见到曹雪芹进来,便连忙叫小二端上好酒——曹雪芹爱酒的脾气,老板也摸了个透。

三人一边谈笑,一边喝酒,正巧碰上了附近前来打酒的鄂比。鄂比这个人,也是个能言善道的主儿,当即觑着曹雪芹同敦敏两兄弟问他们知不知道曹雪芹这段时间,竟然成了香山一带的大名人了。

敦敏追问,才得知原来是近来香山附近的旗人,都爱上了养鸟,大多都是养画眉、鹦哥这样的鸟儿,偏生曹雪芹养鸟也养得与众不同,养了一只靛颏。那是香山上到处可见的鸟儿,最是寻常不过,可就是这样寻常的鸟儿,也能给曹雪芹养出点名堂来,它的叫声硬是要比那些名贵的画眉鸟儿的,更加清脆婉转,声音洪亮又动听。鄂比道:"后来这一带的人都说,芹溪不光是口齿伶俐,便是他的鸟儿,也是一样的伶牙俐齿,这还叫人怎么玩儿呀!"

鄂比的话，倒也有几分玩笑的意思，曹雪芹不以为意，倒是又说了一件趣事：前几天，他同鄂比在外边巧遇了，两人推推搡搡着又来喝酒，喝了五大碗，彼此都有点醉意了，可一摸身上，竟然没一个人带了钱，只好硬着头皮让小二赊账，这个小二却苦着脸说两人前些天的酒钱都还没有付清，这次是不能赊账了。鄂比一听，便从包里拿出纸笔来，刷刷地就给画了一幅竹子，曹雪芹一瞧，拿起笔又添上了一块怪石。两人就这样把画交给小二，扬长而去。

没过两天，曹雪芹又来喝酒。老板一见了他，便乐呵呵地跟他说，他和鄂比的那幅画，卖了个好价钱，十两银子。他便道，既然如此，那就拿二两还清以前的酒钱，剩下的先记在账上，免得到时候又没钱付账。

听完曹雪芹的故事，几人一同放声大笑。四人接着又喝酒作诗，好不畅快，直到太阳落山，他们才彼此告别而去，借着落日余晖，策马遥遥相别。而此次一别，又是许久不曾相见。

转眼春去秋来，当时分别时的残阳和晚霞都还历历在目，如今出现在眼前的，却是深秋的微凉，秋风渐冷，空气里已经能嗅到一丝寒冬的气息。敦敏策马而来，却被曹雪芹的妻子告知，曹雪芹并不在家，他外出访友去了，不知何时才能回来。敦敏心里很是怅然，于是提笔写道：野浦冻云深，柴扉晚烟薄。山村不见人，夕阳寒欲落。这才黯然而去。

不日，曹雪芹回到家中，看到桌上题诗，又听妻子说敦敏已经来过，心里很是愧疚。其实敦敏时常来探访自己而不遇，难免要心中郁闷。他想到，自己确实有很长一段时间没有见过这些老朋友了，干脆趁机聚一聚，自己做东，在一起谈谈国事，说说诗画，何等畅快逍遥！

他定下了个日子，便进城去将这件事情告诉几位朋友。不久，约定的日子很快到来，朋友们也相继来到公主坟曹雪芹的家中。这些朋友，有些是旧识，也有一些是从未见过，曹雪芹便一一引见，众人很快相熟，聚在一起谈起诗词歌赋来。等到了午饭时分，曹雪芹从酒楼中叫来的菜肴上了桌，而弘晓也带来了府中的大厨，将一道道精美的菜肴，端了上来。

众人坐了下来，边吃边谈，交头接耳，很是热闹。后来，张宜泉为这场聚会写了一首诗：

踏雪移筵地别寻，留连非只为知音。
朝游北海朋盈座，暮宿南州玉满林。
风起难停帘际响，云寒不散砌前阴。
酕醄尽醉残樽酒，独倚松窗调素琴。

那一年的初雪，落在这场筵席的尾声。当曹雪芹送友人出门，他看见了纷飞的雪花洋洋洒洒，仿佛从天地的那一端，渐渐逼近，也宛如往日悬挂在天空上的星星，化作这纷纷扬扬的点点雪色，逐渐将树梢、屋檐、山水，甚至是那飘然的炊烟，都染上了几分洁净的纯白。

他禁不住要去想，这样的好时光的终点，是在何方呢？他知道，天下无不散的筵席，时光总会带走一切，带走悲伤，也带走欢乐，尽管他是那样的不情愿。可那时大自然的规律，渺小的他，无法反抗。他没有选择，只能活在当下，把每一分每一秒都过得快乐而充实。

然而，他不知道。这样生活着，未尝也不是一种无声的反抗。他是那样认真谨慎而且努力地去完成每一件事情，吟诗、作画、写书、做风筝、交朋友和用心相爱，没有一个时刻值得他在弥留时追悔到流泪，这便是一种伟大的反抗。何况，只是一部《红楼梦》，就足够他跨越漫长的时光和世界，走进无数人的心里，成为无数人心头最珍贵的枕畔之花。

第三节 推翻：才自精明志自高

黛玉瞧瞧，又闭了眼坐着，喘了一会子，又道："笼上火盆。"……黛玉点头，意思叫挪到炕上来。雪雁只得端上来，出去拿那张火盆炕桌。那黛玉却又把身子欠起，紫鹃只得两只手来扶着他。黛玉这才将方才的绢子拿在手中，瞅着那火点点头儿，往上一撂……雪雁又出去拿火盆桌子，此时那绢子已经烧着了。紫鹃劝道："姑娘这是怎么说呢。"黛玉只作不闻，回手又把那诗稿拿起来……撂在火上。此时紫鹃却彀不着，干急。雪雁正拿进桌子来，看见黛玉一撂，不知何物，赶忙抢时，那纸沾火就着，如何能够少待，早已烘烘的着了。雪雁也顾不得烧手，从火里抓起来撂在地下乱踩，却已烧得所余无几了。

——《第九十七回·林黛玉焚稿断痴情 薛宝钗出闺成大礼》

该是有着怎样的挣扎和痛苦，才能够将半生的心血付之一炬？她烧了手绢，烧了诗稿，或许，当她望着炉火里飘然的飞烟，被火渐渐化作灰烬的，还有她的心，她的情。人世，已是再无挂牵。这一生，也就这样罢了。

对于宝钗，是个让人心疼的女子，承受了众多非难的同时，出于她的位置，其实亦是无可奈何。可至于黛玉，她总是令人心酸。倔强又口是心非的女孩子，总是有着一颗柔软的心，她虽然尖酸又刻薄，可对每个人都是真心以待，她的话直来直往令人难以招架，可每一句都是真诚和纯粹的。

那夜西风独自凉，茜纱窗下，火光明灭如萤影，梨花似雪无声而下，簌簌落了一宿。那个女子的心伤，被铭记成一缕未完的香。

其实曹雪芹的性情，同黛玉颇为相似，骄傲、真挚、固执，对熟悉的人很热情，对不相为谋的人总是很冷漠。在她的身上，曹雪芹投注了最美丽的笔墨，他像是对待一件珍贵的宝物，小心翼翼，舍不得打碎。

可是，这件宝物破碎的命运，早已在他动笔之初，甚至在更早之前，就已经注定。这个瑰丽如梦的女子，注定泪尽，注定偿还半生情债后含恨而去，甚至都没有一场正式的道别，同她深爱过的少年。

他所有的朋友，都看过《红楼梦》的前八十回，甚至有不少朋友，给出了许多宝贵的意见，然而没有几个人，曾见过后四十回。对于结局，他们也曾追问多次，可是每次曹雪芹都是含糊其辞，仿佛不愿意透露实情。这不是曹雪芹的性情，他绝不会是藏私之人，容我猜想，或许写到终局时，他也觉得心疼，笔下的血肉仿佛被呵了一口灵气，脱胎换骨而生；笔中的情谊，亦是丰满沉重，分毫可见。

或许是迟疑，或许是不忍，那样残酷的结局或许不该出现，其实他更愿意所有的人都幸福地生活下去，就让那个大观园停留在姹紫嫣红的瞬间，良辰好景，凝固成一个永恒。可是这又违背了他的初衷，他一次次写，一次次改，一次次否定自己，否定《红楼梦》的结局。这时，他仿佛已陷入了两难的绝境。

其实在不久前，曹雪芹还过着恬静安乐的生活。他整理的书稿，差不多已经编成了一部名作《废艺斋集稿》的集子，妻子芳卿甚至自告奋勇，承担了其中关于烹饪部分的收集整理工作。

在工作之外，曹雪芹稍有空闲，便约上妻子下一盘棋，芳卿棋艺一般，斗志却极高，下到白热化处，夫妻俩几乎都要"反目成仇"，可一转眼，又是彼此言笑晏晏，恩爱缱绻。小儿初长，越发酷似父亲，就连嗜好读书的习性，都同父亲相似，芳卿倒是生怕孩子看坏了眼睛，每次都恨不能唠叨上几句。日子波澜不惊，虽然平淡，也颇有几分闲敲棋子落灯花的惬意。

妻子温柔，小儿聪慧，如此生活，夫复何求？何况，他还有几个"徒弟"，彼此讨教，更是别有一番滋味。说是徒弟，其实并没有什么师徒名分，而是曹雪芹希望将自己的手艺传授下去，于是于叔度、关德荣、关德成，还有敦敏的儿子慧哥儿，便来同曹雪芹学点手艺。

关氏兄弟学的是泥塑。京城的泥人手艺是一绝，曹雪芹的泥塑功夫亦是炉火纯青。两兄弟都是满洲人，家道没落后搬到香山一带。曹雪芹先是教了他们一些入门的本事，然而再循序渐进，将自己泥塑方面的绝活传授了哥俩儿。兄弟俩悟性极高，没多久，便可以出师了，而德荣比弟弟更胜一筹，除了学会了"师傅"所授的东西之外，还能有所拓展。

兄弟俩跟着曹雪芹，还学会了雕塑。一开始，他们未曾领会雕塑的精髓，曹雪芹指导他们说："雕塑最首要的，便是要能够抓住人的神情。"曹雪芹的话几乎是一语中的，人塑之所以能够栩栩如生，大多是因为能够细腻地抓住细微神情。人有五官相似的，然而，一个人的小神情，小动作，一个浅笑，一个撇嘴，一个低眉，一个垂眼，却是谁都无法取代。

师傅领进门，修行在个人。幸好哥俩儿都天资聪颖，在尝试了多次后，终于领会到曹雪芹所说的精髓，越雕越好，甚至后来还在这一派闯出了个名堂，得了个"泥人德"的美名。

清乾隆二十七年（1762），正是夏秋之交，蝉鸣渐渐微弱，荷花渐渐颓唐，来势汹汹的雨声渐渐汇成温柔的一脉，敲打在谁的心间，不绝如缕。坐在书案前的那个男子，已是一位中年人。他的鬓角，星星点点地染上了霜色，宛如日日升起的炊烟，沧桑了他的发丝，也苍老了他的容颜。唯独不变的，是他唇边浅浅的笑意，眉间坚定的神色，还有双眸里，一丝永远不退的固执。

他搁下笔，对着窗外流水和山外枫色，终于舒出一口长长的叹息。一旁伺候笔墨的妻子，从丈夫的叹息里，听出了疲倦，也听出了满足。是的，曹雪芹的《废艺斋集稿》终于在这个年头完成了。这部浩浩大观的书籍，后来被印成了八册，分别囊括了治印、编织、印染、园林、雕刻、泥塑、烹饪等方面的内容，这其中，有不少是失传已久的绝学，除了烹饪部分由妻子芳卿完成之外，其他部分，都是曹雪芹一人亲力亲为，毫不藏私地贡献出来，只为心中那个平凡又伟大的梦想。

这部《废艺斋集稿》完工的消息，自然在友人之前掀起了波澜。朋友们又争相来到公主坟，纷纷要求借阅欣赏。写这部书的目的，本来就是为了让更多的人能够知道原来世界上还存在着这么多巧妙的技艺，曹雪芹岂有不允之理？借阅当然可以，不过他笑了笑，若是朋友们能够为这本书作个序，那就再好不过了。若是在阅读的过程中，将自己的意见写下来，那就更是求之不得。

这是从曹雪芹写《红楼梦》伊始，就保留下来的习惯，朋友们深知这一点，自然欣然应诺。

曹雪芹望着朋友们离去的背影，心头微微一松：总算是又完成了一桩心事。然而没过多久，他的眉头重新拧成一道小小的川流。才下眉头，又上心头的是他的《红楼梦》。前八十回的文字，已经几乎找不到任何需要修改的地方了，他很满意，每一行文字，仿佛都是当年自己心底的模样，唯有后面的故事，却如同雾里看花，不论自己怎么修改，都觉得隔了一层浓雾，无法真切，无法触摸，无法跳脱成鲜活的斑斓的记忆。

这件事情，一直是沉在他心底的巨石。十多年了，他依旧念念不忘，希望能写出一个更好的结局。这个结局，是给宝玉的，给黛玉的，给宝钗、湘云、晴雯的……亦是给他自己的。那还是清乾隆十八年（1753），那时，他还年轻，觉得自己还可以去做许多许多事情，所以当《红楼梦》刚刚完稿的时候，虽然觉得八十回后面的文字，还可以更好更完美，却迟迟没有动笔。加上朋友们的反复敦促，他便匆匆顿笔，只拿出前面八十回，让朋友们带回家中去抄录。修改后面四十回一事，就这样无限期地耽搁了下来。

后来，又发生了许多事情，丧妻、出家、还俗、写《南鹞北鸢考工志》、寻亲、续弦……一桩桩，一件件，令他无暇分身。许多个月色冷寂的长夜里，他在清冷的烛火下翻起旧稿，时光荏苒，纸张已泛黄，笔墨香已陈旧，多少次他的指尖滑过当年的文字,心里都有一种冲动,叫嚣着,怂恿着他再度提笔,勾勒心中的完美结局——不是没有试过。只恨屡次提笔,却屡次都不是自己想要的那个模样。

　　为此,曹雪芹甚至怀疑自己,多年前的江淹,是否真的因为被上苍收回了那支传彩笔而才尽,自己的那支笔,或许也早在多年前,遗失在滔滔的时光洪流里。可那时候,他来不及细想,来不及尝试,还有太多太多的事情,占去了他的闲暇,他的心,虽然还落在大观园里,他的精力,却不得不分散到其他地方去。

　　所幸,曹雪芹送走了最后一拨客人,松了口气。自己还有时间,可以好好想一想,细细回顾,悄悄记忆,或许,不久后,他就能够找到一个最符合自己想象的故事结局。展望的时候总是觉得一切都很容易,世界上没有什么事情能够难到自己,可往往身临其境,最难过去的那道坎,却是自己的心。当曹雪芹再度提笔,深思重回《红楼梦》时,他发现,他的心,已经脱离了原本设定的轨道。

　　他无法让结局违背当初的自己,让宝玉可以在大观园中,继续无忧无虑地生活下去,纵使他没有同黛玉成婚,纵使他没有参加科考,就让他定格在海棠社的那一刻,亦不是他的初衷。他的《红楼梦》不应该是一部风月记,这里面,承载了他的梦想,他的不断呐喊的灵魂,他一切的一切……他们的结局早已注定,黛玉注定要还泪含恨而去,宝钗注定要独守空闺至死,宝玉注定舍弃红尘无爱无恨……层云万里,雪山只影,所有鲜艳的花,都注定在最美好的时刻凋零,如同一幕华丽的剧,在高潮迭起时宣告此水东流。

　　只有如此,才能够给予世人最深的震撼,才能够在每一个灵魂深处敲响警钟。那才是他最真实的心理，最想要的故事。岁月如花，亦如梦，如镜花水月，重重雾影，邂逅在最繁花似锦的时节，他顿笔，他的心，如若霜雪，就算冰冷，依旧不改洁净的本心。

第十一章

生死永恒：蒂有余香金淡泊

第一节 丧子：痴心父母古来多

北地的归雁掠过厚重浮云，远方的山尖露出一重雪色，鲜红如血的枫叶渐渐被霜影打湿，萎落一地。一年的只光片影，如同一抹雾气，挽不住，留不得，只能目送远去。时间是睽违且永不重逢的故人，踏过千山万水，走过茂密森林和迢迢河流，也无法追赶。只能以欢庆形式，敲锣打鼓声声喧哗里，填补这隐约的哀伤。或许，这就是年终盛大欢宴的由来，用极度的热闹，逍遥、挥霍，也只有在这种狂欢里，才会暂时忘却时光流逝或者其他带来的伤痛。

那一年，是曹雪芹最后的幸福时光。美好中透着难以名状的哀伤。

有时，对这样一个才子，难免会让人惋惜，命运这种东西，对他来说太过残酷。年少的颠沛流离，青年的风雨漂泊，中年的丧妻之痛——并不是谁，都可以承担这些残酷历史。可他终究是熬过来了，迎来了自己人生中，最幸福的时光。过往的一切，当可以被他从容追忆起，从容叹息这伤心一梦时，他没有料想，最残酷的疼痛，即将以摧毁一切的来势，带走他在这个世间最为珍惜的人。

在灭顶之灾来临之前，一切都那样琐碎和平静。

年关的脚步已匆匆而来，而《红楼梦》的结尾工作，依旧毫无进展。无可奈何之下，曹雪芹只得放下手中的笔，准备过年。他外出买来酒肉，买来祭祀祖先所需的香烟纸烛，又从香山的寺中将父亲接到自己家中，一家人，欢欢喜喜地过了一个团圆年。

此时，老父慈和，妻子温柔，小小的房间里，萦绕着年夜饭的烟雾和香气，像是这个世界里最寻常的人家。因为过年的快乐，而从里到外都散发出一种叫作幸福的味道，在这样温暖的气氛里，十岁的小儿嘻嘻哈哈地跑来跑去，令人微微头疼里，又生出一种平凡的喜悦。生怕他摔倒，妻子从厨房中出来，柔声制止，小儿听从母亲的话，垂下双眸，长长的睫毛如同蝶翼，遮住了眸间的小小雀跃和沮丧。在烛火的光影里，他低着头，身姿挺直，曹雪芹如同生了错觉，仿佛这个孩子，已经有了几分大人的模样。

十岁的孩子……他仿佛想起了自己的幼年时光，像他这样大的时候，仿佛自己少有这样的活泼跳脱，整日只知道埋在书堆里，看的却都是一些杂书。想到这里，他不由朝老父望了一眼，老父会意，望着堂中的孙儿，同样会心一笑。一种静默的幸福，在眼神中完成了传递。一切，无需多言。

祖孙三代，若是一直能够这样平平淡淡地生活下去，不知道该有多好。曹雪芹在一年的结尾里，默默地向窗外的雪许愿。雪像杨花一样簌簌落下，却太匆匆，来不及聆听他心底，最真诚的祈祷。

十五元宵过后，曹雪芹再度提笔，准备完成《红楼梦》的结尾工作。他绞尽脑汁，依旧觉得困难重重。就在这时候，城中的敦敏派人送来了一封信，信中是一首小诗：东风吹杏雨，又早落花辰。好柱故人驾，来看小院春。诗才忆曹植，酒盏愧陈遵。上巳前三日，相劳醉碧茵。

原来是敦敏邀请自己去参加他的生日宴会。三月初一是他的生日，曹雪芹掐指一算，这年刚好是敦敏的三十岁生日。古人说三十而立，四十而不惑。三十岁这个年头的生日，算起来也很是隆重。既然如此，曹雪芹自然是无论如何都得进城去参加这个宴会的。

确定下来之后，伤脑筋的便是应该送敦敏点什么礼物。敦敏出身富贵，并不缺钱，能够用钱买到的东西拿来当作礼物，总觉得不妥。思来想去，曹雪芹便决定自己作画，画一幅敦敏喜欢的图，当作他的生日礼物。日子到了，曹雪芹进城去为敦敏庆贺生日，这一日自然是谈笑风生，彼此都乐在其中。

没想到，从敦敏家中回来不久后，京中就闹起了天花。在当时，天花是传染度极高、死亡率也相当高的一种疾病。据说康熙帝能够从顺治的几位皇子中脱颖而出，成为帝王，其中一部分原因就是他曾经出过天花，而其他皇子没有出过，身体不如康熙强壮，也没有具备对天花的免疫能力。

刚开始，事态并不严重。可没想到，天花越来越肆虐，竟然席卷了大半个京城。京城里人人自危，家家户户都不敢出门。有些在郊外有房子或是有亲戚的人，便从城中逃到郊外来避难。但是，令人始料未及的是，在这些避难者中，有不少早已染上天花。这些人，将病毒也一并带到了城郊。

在这种情况下，曹雪芹夫妇俩自然是严防死守。他和芳卿都已经出过天花，所以并不害怕，然而孩子却没有出过，加上他还年幼，若是染上天花，后果恐怕是不堪设想。夫妻俩数日不敢放松片刻，细心照料孩子，不令他出门半步。也幸亏是如此，孩子一直平平安安地度过了天花肆虐期。

曹雪芹正要松一口气的时候，却愕然发现，孩子的状态不太正常，他的喉咙肿大，整日难受痛苦。曹雪芹本身也精通医术，其实一瞧，已经知道孩子得了白喉。但是他只是不敢相信，不愿相信，可事实容不得他不信。

他颤抖着手，打开了郑梅涧的《重楼玉钥》，上面有一段是关于白喉的记载，里面这样写道："白喉乃由热毒蕴结肺胃二经，复由肠寒，下焦凝滞，胃气不能下行，而上灼于肺，咽喉一线三地，上当其行，终日蒸腾，无有休息，以致肿且滞，溃见闭矣。"其中记载病发情状，同儿子当下毫无出入。

白喉在当时来说，几乎比天花更为凶猛，染上天花的人还有可能死里逃生，譬如康熙帝；而染上白喉的人，几乎没有生还的。曹雪芹无论如何都要试一试，那是他的骨血，若是不幸白发人送黑发人——那样的凄凉，他不敢再往下想。他到处寻医问药，希望能够从死神手中夺回儿子的生命。

可是，他再怎么精通杂学，终究也是一介凡夫俗子，他没有办法还给自己一个健健康康的孩子。他不记得，在那段短暂的时间里，自己多少次颓然坐在地上，无声地痛哭，为什么命运要这样残忍，在带走深爱的发妻之后，连最后的希望和念想都不留给他，为什么染上绝症的不是自己，他宁愿将要死去的是自己。孩子还那么小，他还有太多太多的人生没有走完，还有太多的风景没有看遍——而当父亲的，甚至还来不及给他讲完《山海经》里的故事。

他的孩子在那年的八月十五日死去，就如同生生地在他心头割下了一块肉。

中秋月圆，那应该是一年中最好的节日。可曹雪芹一家，沉浸在丧子之痛里，一片愁云惨雾。他恍惚里，仿佛看到死去的妻子握住了孩子的双手，然后孩子不断喘息着，声音渐渐微弱下去，如同一只负伤的小兽，孱弱轻飘地伏在父亲的怀中，逐渐停止了呼吸。孩子轻轻地离去，却轻得让这个父亲难以承受。

他的泪，落在死去的孩子脸上。冷漠的月色，映入窗棂，栖息在老树上的寒鸦声声粗粝哀婉，像是就要泣血一般。他突然紧紧地抱住孩子，像是要用自己的体温，去维持那渐渐散去的余温。多少年来，他们父子相依为命，那是他生命里，最后的阳光和温暖。

妻子死去之后，他曾经多少次想就这样随之而去，每次都是因为还惦念着这个孩子，生怕他连父亲都失去了，生怕他一个人在偌大的人世间，孤苦无依，独身漂流，命运不由人地辗转。他细心教养这个孩子，并不希望他能够成为多么耀眼多么令人骄傲的存在，他只希望孩子能够平安和幸福，就算是平平淡淡地度过一生，平常地娶妻生子，白头终老，那样就很好，很好。

可以说，曹雪芹是为了孩子才活下来的。现在，命运剥夺了他最后的希望，带走了他最后的温暖，他心中的痛苦，可想而知。据说，在儿子死去后，曹雪芹万分悲痛，怎么都不肯接受这个现实，日日到地藏沟孩子的墓前失声痛哭。他的人生，仿佛顷刻之间一片黑灰，没有一个缺口，可以容许阳光照射进来。

他以为，自己早已经看开了世事，再残酷疼痛的事情，他都可以从容接受，所以他放纵自己，在《红楼梦》中，借甄士隐之口笑道：

陋室空堂，当年笏满床。衰草枯肠，曾为歌舞场。蛛丝儿结满雕梁，绿纱今又糊在蓬窗上。说什么脂正浓，粉正香，如何两鬓又成霜？昨日黄土陇头送白骨，今宵红灯帐底卧鸳鸯。金满箱，银满箱，展眼乞丐人皆谤。正叹他人命不长，哪知自己归来丧。

训有方，保不定日后做强梁。择膏粱，谁承望流落在烟花巷！因嫌纱帽小，致使锁枷扛，昨怜破袄寒，今嫌紫蟒长。乱哄哄你方唱罢我登场，反认他乡是故乡。甚荒唐，到头来都是为他人作嫁衣裳。

以为事情到头，自己也能看淡风云。只是没想到，原来他竟然是高估了自己，虽然有那么多本事，可他忘记了，自己也是有血有肉会疼会痛的俗人，没有通天的法力，承受不了那么多的痛苦。曾经的幸福，支离破碎。他看不开，放不下，被巨大的伤痛，彻底摧毁。

　　此时此刻，他的心里，已经再也装不下其他东西。琴棋书画，诗词歌赋，甚至是凝聚了一生心血的《红楼梦》，都无法再成为他人生的寄托。他丢开了一切，一心沉浸在痛苦里，一夜夜下来，越发消瘦。人生的信念，仿佛已经被捅破，命运的无常，将这位曾经风流的才子，变作了世上最寻常的伤心人。

第二节　告别：生关死劫谁能躲

一直以来，笔者都不是一个悲观的人。被浮云遮蔽的阳光，总有一日会露出柔和的光；被风吹落的十里桃花，总会重新灼灼其华；所有哀伤和痛苦，都会在长久的时光里，被稀释和冲淡，只剩下淡淡的苦涩。

在曹雪芹最后的时刻里，却是让人伤心又释然地想，若是这生命中的最后一刻早点来临，他会不会不再那么绝望，那样伤得神魂破碎。

那时，被巨大伤痛摧残的身体，已经不再能够承受轻微的打击。而随着伤痛的加剧，他终于无法支撑而病倒了。曹雪芹越发羸弱起来，本来圆润的脸颊，渐渐消瘦凹陷进去，原本光彩耀眼的双眸，也逐渐晦暗，失去了往日的飞扬神采；就连平日里时常挂在唇边的笑意，也化作一丝若有若无的苦笑，令人一看，就觉得心酸不已。

他本来，是一个那样快活的人。他爱喝酒，爱高谈阔论，爱同朋友们没日没夜地厮混，他爱憎分明，喜欢就喜欢，恨就恨，这样一个特立独行的存在，仿佛是世界上的任何事情都不足以伤害到他的人。可他终究还是倒了下去，无声地，静默地，如同雪夜里被厚重的雪，压得渐渐倾颓的树木，在某个断弦的瞬间，沉默地轰然倒在茫茫的雪光里，溅起了一地的雪尘埃。

又是一年除夕夜，一切不似旧时模样。

还记得，上一个年头。他仿若还是世界上最幸福的人，父亲、妻子、孩子，都在身旁，共享天伦之乐。他多想回去，那琐碎而平淡的时光。他多想再摸一摸那张幼嫩聪慧的小脸，对他再娇宠一点——如果他能够知道，他们父子的缘分竟然那样浅。

朋友们已经先后来探望过他，他气息微弱，可还带着点凄凉的笑意。他明白他们此行的目的：或许，这一见，便是永诀。他是医者，很清楚，自己已经没有多少时光。再或许，他再也看不到明日的日出。朋友们的安慰，不过是一场善意却苍白的安慰。可他依旧感念，在自己最后的人生里，还能够拥有这样的纯净美好。

妻子和老父在一旁无声垂泪。妻子有些泣不成声，而老父背过脸，不愿意他看见自己脸上的泪光。终究还是自己不孝了，竟然在自己承受了白发人送黑发人的痛苦之后，让老父也承受着巨大的痛苦。还有芳卿，他也是对不住她的，自己离开之后，不能留给她什么，没有钱财，没有希望，他的芳卿，该如何生活下去呢？他带着无限的忧愁，无尽的悲伤，最后看了一眼这个世界。

他出生的时候，是家族最后的繁华时刻，作为男丁，他承载着整个家族的荣光和希冀，但是他并没有承担起这些鲜花里的枷锁，他放弃了所谓耀眼的未来，决意奔赴一场未知的命运，自己一人，承受所有的不满和怨恨。这一路走来，他虽然有过憎恨、怨念和痛苦，但还好，他从来没有追悔过自己选择的命运,他很高兴,纵使是最后一刻,他还是自由的,他还属于自己,从未被捆绑在违心的命运里,所以他愿意承受一切后果。

雪下得很深,千里独行的尽头,或许就在此刻。

他伸出手,轻轻握住妻子的双手,目光拂过她这段时间迅速苍老下去的容颜,她亦是老了,为了这个家,也为了自己。她原本,是那样一个漂亮的姑娘。是他辜负了她,不能再许以她未来,无法再践诺同她白头偕老。此生辜负的,大约只能在来世,尽力偿还罢了。

曹雪芹逝世于那个静默的除夕之夜。他松开手,再也无需承受痛苦和折磨。他离开了这个充满伤心罪恶的世界,也离开了他至死依然眷恋的妻子,同样丢开了他的《红楼梦》,将无数不解的结局,留给了世人。再也没人可以肯定,宝玉是否真的会永远离开,黛玉是否能够回到属于她的天上,宝钗是否能够诞下那个孩子,而那个孩子,是否能够承担起家族复兴的重任……

他来不及为这个故事画上句号,就这样匆匆地离去了。来也匆匆,去也匆匆,来去都是无影无踪。仿佛这场生命,只为了一部《红楼梦》的前八十回,只为了那场永恒的芳华。就像孩子的死留给他的是无尽的伤痛一样,曹雪芹的死,同样给亲人好友留下了巨大的悲恸。一夜之间,父亲失去了孩子,妻子失去了丈夫,而敦敏、于叔度等人,则失去了最珍贵的朋友。

最是伤心的,还是妻子芳卿。

她长久而沉默地独自坐在曾经共同生活的房子里,斜阳升起,又落下;他亲手种下的兰花,由于疏忽,已经逐渐枯萎,只有淡淡的残香,萦绕在这里,挥之不散,像是他的影子,还在这里。仿佛下个瞬息,他会推门而来,带着满身风雪,仆仆匆匆。她何曾不知道,那只是好梦一场。

其实她亦知道，这些年夫唱妇随恩爱情浓，本来就是好梦一场。她本该沦落他乡，飘零如浮萍。多年前，当她在各种堂会里穿梭，出落成亭亭少女之前，她就这样熟谙自己的命运。他们的重逢，或许本来就是一场意外，只是给予她一个圆梦的机会，让她对温暖，对家庭，对幸福人生浅尝辄止。他离去了，而她也要回到属于她的轨道上，继续她飘萍的人生了。

她的指尖，仿佛还残存着他的温度，不过是一个回眸，他们之间，便已经隔了一个天涯。她在此方，他在彼端，再也不能相逢。她不禁潸然落下了泪，一滴一滴，迸裂在衣襟。床前还摆着他的书箱，那是两人新婚时，张宜泉所送的礼物。她还记得，那时他喝得半醉，带着酒意画下那幅画，隔天又专门刻了上去。他认真的神色，温柔的动作，都依稀还在眼前；而就在不久前，他们还一起吟诗，一起研究菜谱，一起为天下穷苦人写一本囊括万象的书……

如果可以，她也不愿意如此刻一样泣不成声，像一个脆弱的孩子，甚至比孩子更加脆弱。她颤抖着拿起他的笔，凝滞了许久，终于在纸上写下一行悲伤如血的文字：不怨糟糠怨杜康，占诼玄羊重可伤。丧明子夏又逝伤，地坼天崩人未亡。这首诗的意思，清晰可见。她只恨，酒对他身体的伤害，若不是他生性嗜酒，或许他的生命，并不会这样短暂。

可最后两句终究是怨气重了，曹雪芹不喜欢这样的恨。芳卿想到这里，擦干了泪水，重新提笔，将后面两句勾去，重新写上：睹物思情理陈箧，停君待殓鸳嫁裳。织锦意深睥苏女，续书才浅愧班孃！谁识戏语终成谶，窀穸何处葬刘郎？

这首诗中有个典故，苏女指的是南北朝时著名的才女苏惠，她容貌美丽，知书达理，十六岁时便嫁给了当时的青年才俊，秦州刺史窦涛。婚后夫妻俩情意相合，度过了一段美好的时光，奈何好景不长，窦涛迷上了更加美貌动人的赵阳台，恩宠不绝，冷落了苏惠，就连不久后前往襄阳赴任都只带着宠姬。夫君离开之后，为了挽回那颗别恋的心，苏惠在八寸的织锦上织了一首回文诗，尽诉衷肠，情深意切，哀婉动人，终于打动了窦涛。后来，迷途知返的丈夫将赵阳台送走，将发妻从家中接来同自己团聚。这一段往事，千百年来，被传为佳话，苏惠的兰心蕙质，窦涛的知错能改，宛如典范一样，被后人传诵欣赏。

而芳卿虽然欣赏苏惠的才华，却深以为她将自己的才华，用在取悦夫君身上，实在是小小手段而已。而真正的才华，应该用在更多有需要的人身上，譬如曹雪芹的《南鹞北鸢考工志》，譬如两人合编的《废艺斋集稿》……这些书，都被细心地收集整理在两口书箱里，故人虽去，旧墨却尚存。

想到此处，她终究隐忍不住，丢开笔放声大哭。她的泪水，打湿了书箱上的那丛兰花，也打湿了那首诗。

或许，不用很久，曹雪芹的名字就会被淡忘，除了自己，再也没人会知道，原来曾经有过一个名叫曹霑的人，惊才绝艳地存在在过这个世界里，跟他们一样呼吸，一样笑，一样鲜活如初升的朝阳。芳卿没有想到，在不久后，他的名字非但没有褪色，被他人遗忘，反而在时光的积累里，变成了历史上最为耀眼的里程碑，而他的人生，也因为《红楼梦》，被人们仔细挖掘，反复推敲，连自己的名字，都因为和他的关系，而紧密连在一起。

后来，有人说，在曹雪芹逝世后，芳卿离开了两人共同的家。失去了生活来源的她,孤苦伶仃,不得不外出为大户人家帮佣,来维持生计。从锦衣玉食的千金小姐,最后沦落成以帮佣为生的女人,这不能不说是一个悲剧。但因为她的生命里,曾出现过那么一个人,她的人生,便同样因他而有光芒。

第三节 奇书：解语何妨片语时

曹雪芹死后，他的《红楼梦》成为了众多好友凭吊他的证据。睹物思人，每当这些好朋友，翻开这部《红楼梦》，他们就会想起曹雪芹的音容笑貌，仿佛这位好友，还在眼前，伸手就可以触及。这距离，这么近，又那么远。

可以说，曹雪芹是文学的奇迹，也是文学的异数。然而，这个缔造传奇的人，却从未将自己放到一个文人的位置上，他不会刻意地强调人生思考，而是一个单纯的讲故事的人。讲故事里的事，讲他复杂的心情，讲他内心的思考。

曹雪芹与《红楼梦》都是一般，既是世俗的，又是超脱的。只有经历过切肤的痛苦，才更会有对世俗生活的依恋。他懂得那些细碎的世俗生活中，渗透着对人生最透骨的思考。

他一生坎坷，历尽磨难辗转。他见识过繁华，也感受过凄凉。他在写《红楼》之时，已是中年男人，他经历了人生的大起大落，饱尝了人生的无数思考。他看到的，满眼都是世俗，是凄凉过后的繁华。所有过往人生中的执着都淡然了，到最后落得个"白茫茫大地一片真干净"。这一切并非终结，而是他已然懂得。懂得了人生的真正的去处，也淡然了人生的得失。当一切了然于心，再投入到现实生活中，那才是真正的快乐。而正是这种淡然和洒脱才成就了不一样的《红楼梦》。

这部作品，最初只在亲友之间流传。曹頫、昌龄、敦敏、明琳、于叔度等人是最早有这个荣幸看到最初版本的人。他们不但可以一睹为快，还可以在书上附上批注。早在乾隆十几年，昌龄就将前八十回拿到自己家中，以脂砚斋之名，重新抄录了《红楼梦》，并且进行了再度的评论。这个版本，他最是满意，甚至给它取名叫作《脂砚斋重评石头记》。据说，在短短的数年之间，十分喜爱这本书的昌龄，光是评论，就不下四次。

不仅仅是昌龄尤其喜爱《红楼梦》，认为这是一部千载难逢的奇书，皇室子弟弘晓也很是钟情这本书。清乾隆二十四年（1759），弘晓在自己的王府中，组织人手重新抄写整理《红楼梦》，因为他觉得在众多的评论者中，只有昌龄是最能理解曹雪芹的心意的，于是也将这个版本叫作《脂砚斋重评石头记》。而最早面向世人，为大众熟知的版本，就是从弘晓的王府中流传出去的。

至于其他文人，便未必有这个幸运能够一睹曹雪芹《红楼梦》的真迹了。譬如同样是宗室子弟的清代诗人永忠，他是康熙帝的曾孙，也是一位出众的诗人。作为皇室后裔，他同敦敏兄弟十分熟悉，却同曹雪芹素未谋面，直到曹雪芹逝世的多年后，他才从敦敏的叔叔处读到了《红楼梦》。

一翻开，便惊为天人。再一追问，作者竟然早已离世，永忠不由扼腕长叹，只叹造化弄人，若是两人能够相识，必然能够成为朋友。永忠一向热爱文学，对于富有才华的文人，都怀着一颗敬佩之心。在他看来，曹雪芹的《红楼梦》是一部融合了无数内容的作品，不管是文学体裁还是日常生活,都仿佛随意拈来,天衣无缝。而他所写的贾府,是一个贵族家庭,他笔下的贵族生活,仿佛是他自己亲自经历过的,细致入微,分毫不差,显然是个天才。或许,也就是因为曹雪芹太聪明,聪明到天妒英才,所以不得天年而终。

只可惜,等到自己知道这个人,他却已经早早奔赴黄泉。永忠只能希望在梦里和曹雪芹相逢,大醉一场了。

在获得众多文人的认可之后,《红楼梦》开始广泛流传。有商人在这本书身上,看到了巨大的商机。他们将流传出来的书稿再度抄下,用以牟利。据说每每传抄一部,就能够获得数十金的利润。当时的一石白米只需要一两多银子,而抄写《红楼梦》竟然可以获得二十余石的白米,显然其中的利益,可以说是暴利也不为过。当然,这同样可以从其中看出,《红楼梦》深受大众的追捧喜爱。

当时流传的《红楼梦》名字还叫作《石头记》,后来,《红楼梦》这个名字显然更能为大众所接受,因此"石头记"的叫法越来越少,而在传抄的过程中,昌龄等人的批注也开始逐渐隐没。

而当时,有一个叫程伟元的人,极其喜爱《红楼梦》,他发现这本书只有八十回,而曹雪芹在此前的目录页中,分明是标注了一百二十回的。他以为是这本书在流传的过程中,内容有所分散。于是他多方打听,到处寻找,找了多年,也只找到其中的二十卷。后来一次机缘巧合之下,他在一个挑货郎的手里,找到了残稿十余卷,合起来一共有三十余卷。显然,这个残稿是从芳卿手中流出的,至于这些书稿是如何流落出来,又是如何辗转到了旁人的手上,这些事情已经不得而知,唯一可以肯定的是,程伟元发现了这些书稿之后,欣喜若狂,立即开始着手《红楼梦》的整理工作。

这是一个漫长的浩大工程，程伟元唯恐自己一个人不能够完成续写工作，于是约了好友高鹗，准备一起完成整理工作。当时正是清乾隆五十六年（1791），高鹗屡屡考试不举，正是心灰意冷之时，好友程伟元拿着许多书稿上门来，提出希望自己能够和他一同整理《红楼梦》，一方面他为好友的赤诚之心所打动，又一方面，他也为《红楼梦》所深深吸引，遂两人一同埋头整理了一年多的时间，终于将一百二十回的《红楼梦》整理完整。

这个版本，被取名为《新镌全部绣像红楼梦》，并且由程伟元托付给相熟的师傅雕刻印刷。而奇怪的是，就在这个版本印刷面见大众的七十二天后，两人又整理出了一个新的版本。其实这是因为在众多手抄本中，《红楼梦》已经无意或有意当中被修改或遗失部分文字，以致程伟元收集起来的数个版本，都有不少出入。在两人整理的第一个版本中，大多是以程伟元的意见为主，而不久后两人推出的第二个版本，才是主要由高鹗选择整理的。

当时流传的还有一个版本，这个版本共有一百一十回，其中的结局是贾府没落之后，宝钗卒，宝玉流落为街兵，而出家守寡的湘云同宝玉重逢，最后结为夫妻。这个版本总体上的意境不如程伟元和高鹗两人的意境深远，加上只是以手抄本的形式流传，所以并不为大众所熟知。人们更喜欢的，还是《新镌绣像红楼梦》，人们对这本书的喜欢，远远超过了两人的预期，很快，这本书被改由雕版印刷，大量发行。

到了嘉靖年间，这个版本的《红楼梦》已经为大众熟知，甚至京城中，知识分子的家中没有一部《红楼梦》，都不好意思说自己是文人。到了后来，竟然还出现了"开口不谈《红楼梦》，此公缺典正糊涂"的说法，令人啼笑皆非，哭笑不得。然而，也正因为如此，才能够证明《红楼梦》当时正是风靡一时，深受喜爱。在《红楼梦》传播的同时，一种后来被命名为"红学"的研究，也正在悄然兴起。

所谓"红学"，自然是指研究《红楼梦》。红学热，不仅从当时延伸到如今，养活了大批学者和文人，还广泛延伸至海外。时至今日，《红楼梦》不仅仅成为了中国的瑰宝，亦是成为了世界的珍贵文化遗产。

然而，最早开始研究《红楼梦》的，还应该是曹雪芹的那些朋友。他们在欣赏《红楼梦》的同时，就已经在书上写下了自己的意见。这些朋友，大多都是知识水平比较高，有着极其深厚的文学素养的人，他们对这本书的早期研究，也为后人对《红楼梦》的研究，有着巨大贡献。

最能体现曹雪芹真意的，还要数脂砚斋昌龄。他的版本《脂砚斋重评石头记》，向来被认为是最贴切的版本。昌龄绝大多数时候，是针对《红楼梦》的写作技巧和艺术成就做出的评论，而曹雪芹的另一位好友明义则另辟蹊径，从研究故事背后出发，探寻《红楼梦》背后的真实历史。

这种方法，被学界称为"索隐红楼"。曹雪芹是一个很能够运用"春秋笔法"之人，在他的表面故事上，往往还潜藏着另外一个故事，一条主线之下，总是隐含着另外一些令人捉摸不透的副线。这也正是《红楼梦》的魅力所在，一千人读《红楼梦》，便有一千个不同的故事。

在明义看来，曹雪芹是在写自己的故事，他笔下的大观园，便是当年的江宁织造府。到了乾隆末年，宠臣和珅将这本书进献给皇帝，认为这本书写的是康熙年间重臣明珠的家事。这个理论，同样发展出不少支持者。他们认为，曹雪芹的祖父曹寅同纳兰容若十分交好，而纳兰容若正是明珠的儿子，曹家能够深知明珠家事，也不足为奇。

而早在这个明珠家事说出来之前，昌龄等人就在《红楼梦》中有批注以为，这本书中的一些事情，是取材于傅恒的家中往事。傅恒是乾隆朝的重臣，被封为一等忠勇公，谥号文忠公。在昌龄的版本中，明显就出现了文忠公的字样。后来，舒敦记载说：在乾隆五六十年间，关于《红楼梦》的猜测中，最受支持的两种说法，一种说这本书写的是明珠家，另一种说法则说是傅恒家。而书中有皇妃，又出了一个王妃，根据这一点，还仿佛是傅恒家更为接近。

除了这两种说法之外，自然还有别的不同意见。到了晚清，有越来越多人倾向于研究曹雪芹写书的意图，其中评论家王希廉认为，曹雪芹虽然写的仿佛是确有其事，但是他的目的并不是为了描写大家族的悲欢离合，而是为了说明一种"人生如梦，幻境皆虚"的境界。

可以说《红楼梦》对中国历史，尤其是中国文学史的影响，是十分巨大的。它不仅仅是一本千载难逢的奇书，还改变了当时上层知识分子的阅读习惯。在《红楼梦》之前，文人们大多以为小说是最底层的文学，不值一提。而在《红楼梦》之后，他们发现小说这种文体，实则可以囊括万象，星罗千万，比起诗词歌赋来有过之而无不及。

而到了如今，《红楼梦》更是成为了家喻户晓的名著，它的身影，越来越多地出现在人们的生活当中——光影、声色、文字，各种各样的形式，令这本惊艳的奇书，被人们深深了解着。它甚至远渡重洋，被翻译成多种文字，甚至还影响了海外文学的发展。据说，朝鲜的奇幻小说《九云梦》，就明显受到了《红楼梦》的影响。这种成就，恐怕是曹雪芹自己有生之年，也无法想象到的耀眼和夺目。

然而，也许他并不会在意。对于他来说，那些都是身外之物，功名利禄如浮云，生死忧惧如昙花，他在他的笔下，就已经深深投注了这种思想。纵使他灵魂尚在，看到这种荣光，也不会像个肤浅却真诚的孩子，欢喜得手舞足蹈。可他依旧会微笑，毕竟，那是他半生的心血，能够获得这么多人的喜爱和认可，他亦觉得高兴。

　　因为这在证明，他的人生，并不是一场虚无。他真真切切地活过，并且在这个世界上，留下了独一无二的属于他的痕迹，谁都无法磨灭这道深深的痕迹。并将永远刻在史册上，刻在时光里，刻在一代又一代人的心中。

后 序 ／ 公子多情

上学时在课本中读到《林黛玉抛父进京城》这一节，许多同学都捧着书本对林黛玉念念不忘，嘴里絮絮叨叨。有一位同学，更是喜欢这几句："两弯似蹙非蹙罥烟眉，一双似泣非泣含露目。态生两靥之愁，娇袭一身之病。泪光点点，娇喘微微。娴静似娇花照水，行动如弱柳扶风。心较比干多一窍，病如西子胜三分。"极其喜欢，几乎能够倒背如流。

古往今来，这段对林黛玉入神的描摹，确实迷倒了无数英雄豪杰。也真真是写得极好的，只肯写神，未曾描色，寥寥几笔，宛如水墨里老树昏鸦，笔画虽少，意境却已经足够。

但实实在在震撼过我心魂的，却是描述宝玉的这几句：面若中秋之月，色如春晓之花，鬓若刀裁，眉如墨画，面如桃瓣，目若秋波。虽怒时而若笑，即嗔视而有情。中秋之月，春晓之花，在古时的话本里，一般都是来形容女子的美貌，如此娇柔的词来形容一个少年郎，未免觉得纨绔。接下来看，这个少年有着极好的鬓和极好的眉，也有着温柔多情的眼睛。

曾以为，宝玉其人，实际上就是曹雪芹自己。然后学术界探讨出来的结果，大多认定宝玉的原型，是曹頫。最有力的证据就是曹家落败时，曹雪芹不过是七岁小儿，如何能够经历那样泼天的富贵。从宝玉的生平来看，曹家唯有曹頫，其人生经历，同宝玉多处甚为相似。可我始终坚信，不论是怎样的人物，只要是出自作家的笔下的，便难免会带上几分作家的影子。这种渲染，是不自觉的，亦是无法避免的。

可究竟，是谁，才有如此的丹青妙笔，素手挥就如此美妙的篇章，建筑了这样一个富丽又苍白的宫殿，最后却又亲手摧毁，片片成灰。

那一定是一个悲观、绝望、冷漠至极的诗人。

是的，在我走近曹雪芹之前，我觉得他就是一个失落又绝望的人，但他也是一个诗人。所以他的笔，是梦中的传彩笔，他的文字，是十年血泪和成。

然而，这个出身富贵终身时却无限潦倒的男人，究竟是一个怎样的人呢？众说亦是纷纭，没人能够真正确定，他究竟是孤独还是丰富，悲哀还是幸运，精彩抑或苍白。有一千个读者，就有一千个哈姆雷特。每个人心中，都有一个不一样的曹雪芹。

或许，只有走进他的生平，默读他的忧伤，安静观看他的欢笑，轻声念出他的爱恨，我们才会有一个答案——而那个答案，也仅仅属于我们自己，并不属于他。